新聞大学

外山滋比古 著

扶桑社

まえがき　～自分を新しくする～

今年の敬老の日の前に、当日に、百歳以上の人が六万五千六百四十二名になるという発表があった。これからも年々、何千人と増え続けるというのである。めでたい話であるのに、一般の反応は冷静であった。新聞記事も、小さなニュースといった扱いである。

どうして、もっと、喜ばないのか、と野暮なことを言う人もなかったらしいが、長生きが手放しで喜べなくなったのを反映しているようである。

長生きはいいが、まわりに面倒をかけたり、治療を受けたりするのは、ありがたくないということを先取りして、高齢の影をおそれる気持ちを抱く人が、増えているのはたしかで、ピンピン、コロリを願ったりするお年寄りも少なくないらしい。

年を取っても、元気で活動しようということをはっきりさせることができないまま、寿命が延びてきたのは新しい悩みである。

日本人は少し遅れているが、アメリカでは、三十年前に、スタイリッシュ・エイジング（カッコよく老いる）をモットーとする運動が起こった。中年の人、退職した人などが、新しい人生を始めるために、大学へ入学、新しい仕事で自己実現をしようというので、多くの成功例があったようである。

ヨーロッパでは、フランスが、生涯教育ということを提唱、中高年の勉強を推進しようとした。これは、わが国でも、支持者が現れて、生涯学習が具体的に考えられた。というより事業化しかけたのである。

それが長続きしなかったのは、中高年の人たちの覚悟が充分でなかったためであろう。まわりから、社会からしてもらうのでは自己の再生は、うまく行くことが難しい。

天は自ら助くるものを助く、ということばがあって、ときどき引き合いに出されるが、日本では、しっかりとらえられていないところがある。〝自ら助くる〟というのはヘルプ・ゼンセルブズ（help themselves）の訳であるが、〝助ける〟という日本語にしてしまうと、このことばの趣旨が大きく失われる。

〝ヘルプ・ゼンセルブズ〟は〝自らを助ける〟という意味ではなく、自分のことは自分でする、人の世話にならない、という意味である。自力で困難を克服しようとしている人間を天も助ける、というのが真意である。そう考えると、〝自助〟というのも当たらないことになる。自分のことは自分でする、ということがはっきりしないのがよくない。

年を取っても、なるべく、自分のことは自分でする気持ちを強く持てば、いわゆる老化は近づけないようにすることが可能である。人にしてもらう前に、自分の力で、できるだけのことはする、という気概、根性があれば、美しく老いることができる。

年を取ると、体力が衰える。それは見てわかるが、頭も衰えるが、それは目に見えないから、まず頭から老化が進むということが多い。

ことに高等教育を受けた中高年は、知力の弱化が老化を早める傾向が強い。

若い時、学校で学んだ知識は賞味期間がある。三十年もすれば、使いものにならないのが増える。

そうなる前に、知識を更新しなくてはいけないのだが、それに気づく人も限られているから、知的荒廃が起こり、ひいては健康を害することになる。

何とかしてくれ、などと言うのは、よろしくない他力本願である。自力で知的再生という難関を突き崩す必要がある。

そんなことを考えていて、まったく偶然に新聞の存在を思いついた。もともと、社会の木鐸《ぼくたく》を任じていた新聞である。人を導くことはお手のものであるとしてよい。また、かつては、新聞によって文字を覚えた人たちもあった。新聞に学ぶことは決して的外れのことではない。新聞を活かせば、自己研修は決して夢ではないはずであると思ったのである。

中高年の自己学習には新聞がもっとも具体的、かつ、簡便である。それを新聞大学と呼んでも少しもおかしくない。

一人ひとりの大学である。成果はそこで学ぶ一人ひとりの心がけ次第である。

日本の新聞は、戸別配達が建前になっている。新聞大学のテキストは日替わり、毎日、じっとしていても、手許に届くようになっている。すばらしい大学である。真似したくとも外国の新聞では手が出ないだろう。それを活用しないという手はない。いままで、放っておかれたのが不思議なくらいである。

意志と努力があれば、新聞大学は一般の教育機関のできないことを成し遂げるかもしれない。新しい知識人が生まれる可能性はかなり高いと言ってよいだろう。新聞大学は世界に誇ることができる。

二〇一六年　秋

外山滋比古

新聞大学　目次

5 立つことば・寝ることば

6 社説

7 コラム

8 文芸

0

1

〝見出し〟読み

2

毎日四十ページのテキスト

このごろの新聞は四十ページもある。いくら時間をかけても、これは終わりまで全部読むことは不可能である。新聞のほうでも、それを期待していない。たいていの読者が、読みつけているページを二、三ページ、見ると、それでおしまいにする。

戦時中、戦後しばらくの間、用紙が不足しているから、新聞は、タブロイド版で四ページということもあった。

それくらいなら、その気になれば、スミからスミまで目を通すこともできる。ほかに読むものもないから、新聞を丹念に読むのは楽しみであった。

経済が高度成長するにつれて、新聞はページ増をした。広告が増えたからで、広告より記事のスペースが少なくてはいけないことになっているようで、広告が増えれば、記事も増やさなくてはならない。

そして、現在のような部厚い新聞になったのである。一般の読者は、少し食傷して、新聞から距離を置く。若い人たちが敬遠する。

新聞大学は新聞をテキストにして自学自習するのであるから、ページ数が多いくらいに不満をもってはいけない。教科書が少しくらいページ数が多くても、不平を言ったりしてはいけない。

それにしても、毎日、四十ページもある新聞を届けられ、これで、勉強せよ、と言われたら、誰だって当惑する。小学生が学校の教科書を読むように、新聞を読むことは考えることもできない。

四十ページの新聞は、ちょっとした本一冊分の文字が入っている。いくら速く読んでも一日仕事。そんなことのできる読者もいないだろうから、問題にならないだけのことである。

新聞大学にしても、新聞のはじめから終わりまでをすべて読むなどということは考えない。しかし、なるべく、多くのページに目を通さなくてはならない。

どうしたらよいか、教えてくれる人もないから、自分で考えるのである。

新聞の花

はじめは、見出しだけを読むようにする。記事本体は読まない。見出しだけなら、一ページに五、六。十もあるのは珍しい。活字も大きいから、少しくらい、目が悪くても、よくわかる。

ページの右肩から見出しを拾って左下へ目を走らせる。それで、そのページは終了ということにする。

見出しは簡潔で含蓄が多くて、慣れないとわかりにくいものが少なくない。そしたら、記事本体のリード（導入部）を見るのである。

リードを読んでも、よくわからない記事はあきらめる。いつまでもこだわっていては、あとがつかえる。

見出しは、新聞の花である。うまい見出しがつけられたら、整理記者として一人前である。外国の新聞も、ヘッド・ラインに凝るらしいが、漢字のない国の新聞で、簡潔、軽妙な見出しをつけるのは、日本の新聞より難しいだろう。

　戦争が起こって、ニュースが多くなると、新聞は見出しに苦労する。苦しまぎれの略語をつくったりする。戦争のあるたびに、略語が増える、と言われる。

　俳句の栄える日本である。外国新聞のような見出しの苦労はないだろう。しかし、うまい見出しをつけられるようになるには、修業が必要である。近年、わけのわからない舌足らずの見出しが散見されるようになったが、新聞大学では、そんなことにこだわっていてはいられない。

すぐれた〝見出し読者〟になる

　わからないのは飛ばして次のものに目を移す。

　ふつうの新聞読者は、見るページが決まっている。はじめのほうの政治経済の硬いページをよく読むのは特別である。新聞大学はそんなことを言っていてはいけない。わからなくても、おもしろくなくても、はじめから、すべてのページに目を通す。

目を通すといっても、記事を読んでいては日が暮れるから、見出しを拾って読む。いちばん難しいところだが、慣れてくれば、わかるようになる。

これまで馴染《なじ》みの薄かったページではことに力を入れる。二度、三度、読み返す。本文の記事をのぞいてもよい。繰り返していると、不思議と親しみが湧《わ》いてきて、わからないことが、わからないまま、わかったような気がするようになる。

こういうように、見出しだけ見るのを昔から〝見出し読者〟と呼んだ。いくらかバカにしたことばであるが、新聞大学では、まずこの見出し読者になる勉強から始めるのである。

見出し読者にとってありがたくないのはやはり略語である。ことにニュースの中核に触れることばが、略語になっていると、新しい読者は困る。とくにアルファベットの略語、TPPなど、本当のことばを知るには、辞書が必要になる。外来語ではないが、JRとかJXなども悩ましい。JRが日本旅客鉄道の略字であることをはっきり知っている人も、あまり多くない。

見出し読者、とバカにされるが、新聞大学の第一歩は、すぐれた〝見出し読者〟になることである。

有能な〝見出し読者〟になれば、新聞が少しくらい太っても、あわてることはない。良心的な人は、見出しだけ見るというのを、いかにも手抜きのように考えるかもしれないが、見出しがわかるのは、かなりの力である。本文を読むより難しいかもしれない。そういうことが、しばらくすればわかるようになるのが新聞大学である。

1

2 標準語

3

標準語ショック

日本語には標準語がない。だいいちそういうものがあることを知らない人が多い。標準語という言い方を好まない人も少なくない。共通語といってごまかしている。これではことばの文化レベルが高いとは言えない。

戦後十年くらいのことである。北海道、旭川の秀才が、東京の大学へ入学した。この学生、教師の言うことが半分もわからない。内容ではなく、ことばがわからない。北海道で小学校から高校まで、まったく違うことばで授業を受けていたのである。

この学生はショックを受ける。どういう勉強をしたのかわからないが、夏休みを終えて大学へ戻ったときにはかなり話がわかるようになっていた、という。

こういう例が、どれくらいあったか知れない。そのために浪費された知的エネルギーがいかに大きなものであったか。考える人もなかったのだから、教育、社会の後れは深刻である。

小学校からの国語の勉強は、標準語に近いことばを用いていた。しかし、それを教える教師が方言しか使えない。言文一致どころではない。この状況はテレビの普及で大きく改善されてきたけれど、なお、日本語の標準語はこれなり、というものがない。混乱している。

外国から介護の仕事をしようと日本へ来る人は相当数にのぼる。資格を得るには試験に合格しなくてはならない。ところが、そういう外国人に日本語を教えられる人がいない。いい加減なことをしていると、試験に落ちる。二度失敗すると、帰国させられるとかで、涙をのみ恨みをいだいて帰る人がいる、という。それを放っておくのは日本の恥である。そう考える日本人が少ないというのは情けない国である。

学校では、文字のことばしか教えない。かつての小学校には日本語の授業はなかった。話すことばは問題にしない。ただ文字さえ読めればよいという考えに支配されていた。

日本語はもちろん、国語も教えない。だからことばの教育をするのを〝読み方〟と呼んだのである。話し方など問題にしない。書き方という時間はあったが、文章を書くのではなく、筆で文字を書くのであった。

そういう国語教育はかなり改まってきたが、なお、標準語の確立にはほど遠いと言わなくてはならない。

話すことばは、文字よりも、いっそう軽視されているから、標準語が見えてこないのである。文章は大事にするが、話したことは信用しない。何でも証文がいる。話しことばはずっと泣いてきたのである。

日本放送協会、NHKが創設されるとき、お手本のイギリスBBCにならったのであろう。標準語の普及ということが期待されていた。規約にもそのことがうたわれていたはずであるが、いまどき、そんなことを覚えている人が、どれくらいいるか。NHKは日本語の標準語の普及に努力するより、外来語、外国語、ことに英語の普及に力をそそいでいる。

段落のない日本語

新聞は、はじめから、標準語などということは考えなかった。〝社会の木鐸〟は、伝統的文語体がふさわしい。わかりやすい口語体では言論の権威をそこねると考える人もいたかもしれない。言文一致ということにも冷淡であった。文章は談話にまさるという考えは不動であったように思われる。保守的であった。伝統尊重である。

もともと日本語には段落というものがなかった。文章はえんえんと続き、切れない。改行して新しい段落を起こす、などというのは外国語の真似である。文章の中で、句読点をつける慣習も外国の模倣である。

明治二十年代に、文部省が国定教科書で句読法を採用したのは、はなはだ革新的であったが、新聞はそれを無視して独自の表記を守った。新聞が完全に句読法を取り入れたのは、戦後になってからである。この保守性はほめられるべきか、批判されるべきか、いまの人間には決めかねるように思われる。

表記の様式ではかなり保守的であるが、新しいことばの導入にはきわめて積極的である。ことに戦後になって、外来語が増える。これは社会の反映だから、是非を超越する。外国語をそのまま取り入れることは難しい。カタカナ語をつくった。もともと、漢字に比べていくらか低いように感じられていたカタカナだが外来語によってイメージをよくした。いちはやくそれに気づいたのは、競争で苦労している業界の人たちだったらしい。

大企業といわれるところで、長年、売り込んできた漢字の社名を惜し気もなく捨ててカタカナにするところがあらわれた。カタカナよりアルファベットのほうがもっと新鮮だというので、アルファベットを並べた社名に改めたところが相次いだ。

文章に関して言うと、日本語には標準語が確立していない。共通語の実体もはっきりしないのが日本語である。

現代日本語を代表する新聞

その中にあって、新聞はもっとも有力なスタンダードを示していると言ってよい。少なくとも、学校の国語の教科書より進んでいる。学校の国語はいまなお、かつての文学偏重から脱し切れていない。小説の切れ端を並べるけれども、骨太の散文がほとんど見られない。美文、名文を尊重する伝統がいまもことばの力を殺《そ》いでいるように思われる。

新聞は幸いにして、文学国語の弊をまぬがれている。現代日本語を代表するのは新聞であると言ってよい。

学校教育を受けた人は、多少とも文学趣味を身につけている。小説の文章のほうが、一般散文より高級であるように考える。

新聞大学は、毎日、標準的日本語の散文を提供している。それに親しんでいれば、散文に対する目が養われる。それだけでなく、理知的なものの見方、考え方を身につけるようになる可能性は大きい。

俗に言えば、頭がよくなる、のである。――そう言っても過言ではない。

3 カタカナ語

正体不明なカタカナ語

明治の日本は外来の文物でウズ巻いていたが、ことばがわからない。それではいけないと、国をあげて、訳語を考えた。

スピーチの訳語を福沢諭吉《ふくざわゆきち》が苦心して「講演」としたというのがエピソードとして残ったが、一例にすぎない。人知れず、訳語を考えていた人がどれくらいいたか、いまではわからない。

煙草（タバコ）、麦酒（ビール）、硝子（ガラス）のような意訳したものもあるが、内閣（キャビネット）、文学（リテラチャー）、自然（ネイチャー）、銀行（バンク）、会社（カンパニー）、鉄道（レイルウェイ）など秀逸なものが少なくない。

学問、学科の名も訳語で、哲学、数学、倫理学などみな苦心の作である。

そんな中で幾何（学）という語がおもしろい。幾何は中国語音で読むと、ジオとなる。それで、ジオメトリ（幾何）の訳語にした。それを日本語読みに、キカとした。なかなか芸が細かい。

当時の英学者、英語の読める人は、例外なく高い漢字の素養をもっていて、漢字の造語力もあった。適訳が多かったのは当然である。

私の友人だった鈴木修次《すずきしゅうじ》君は、日本でできた漢字訳語で、中国へ渡ったのが、八百余りあることを突きとめた。

バンクを銀行と訳すなど、いまの日本人には考えることもできないが、そういう大業をこなしたからこそ、明治の日本は、欧米の文物を片っ端から漢字にして、外国語の影もとどめなかった。

戦争に負けて、また激しい外国文化の流入が起こったが、英語のできる人で、漢字の造語力をもつものとてなく、しかたなく、カタカナで、音訳した。バンクを銀行とするのは意訳だが、hotelをホテルとするのは音訳である。これならいくらでも作ることができる。

カタカナ語がハンランして、訳のわからないことばがあふれるようになったのは是非もない。

ナイターとナイト・ゲーム

これは、私の経験だが、正体不明なカタカナ語があふれるようになったころの話である。デパートで用もないのに婦人もの売場へまぎれこんだ。見ると特大の張り出しがあって

新発売！　フルファッション‼

とある。ファッションの売り出しとは珍しい。でも、フルファッションって、何だろう。売場の店員に聞いてみる、彼女は「さあー」と言ったきり、二の句が継げない。奥へ引っこんで主任らしいのに聞いている。彼もわからない。とうとうメーカーに問い合わせることになった。そして、フルファッションではなく、フルファッションド、つまり形容詞であることが判明した。フル・ファッションなら完全成型、フル・ファッションドは〝脚にぴったり（合った）〟という意味である。つまり、誤訳だったのである。間もなく、フル・ファッションということばは消えた。

こちらは、日本の手柄話である。東京、後楽園球場に夜間照明の設備ができたときのこ

とである。アメリカではナイト・ゲームと呼んでいるが、いかにも長たらしい。新聞はそんな悠長なことばを使っていられない、というので新聞記者たちが考えたのが、〝ナイター〟である。これはいい、というので決まりとなった。

私はそのころ英語雑誌の編集をしていたが、どうしてアメリカでは、ナイターを使わないのか、不思議に思って、アメリカのプロ野球、コミッショナー事務局へ問い合わせた。すぐ返事がきた。アメリカではナイターとは言わない。ナイト・ゲームである、と言う。

さっそくそのことを編集している雑誌に報じたところ、岩崎民平《いわさきたみへい》東京外国語大学教授（のち学長）が驚いた。「英和辞典」を改訂中で nighter「夜間試合」を新語として採用していたのである。アメリカで使わないというのを知って、岩崎先生は、印刷中の機械を止めて、この記載を削除した。

アメリカで使わないのは自由だが、ナイト・ゲームをナイターというのは、いかにもしゃれている。ナイト・ゲームなど間が抜けているように思われる。しかし、日本でも、一般にナイターと言わなくなったのは右のような事情によるのであろう。

アメリカに輸出してもいい、などと冗談を言っていたが、アメリカの地方では、俗語としてナイターが使われているということである。

日本語の急変を記録する唯一のもの

そんなことは昔の話。いまどき、カタカナ外来語など問題にならないのである。カタカナは長くなってはいけないと感じられているのかもしれない。ティ・ピー・ピーなどとしては目障り、T・P・Pでいく。TPPがどういうことばの頭文字かなど、余計なことである。要するに、自分の仕事にとって損なのか得なのか、ということで騒ぐ。

日本のことばなのに、英字を使うのが流行する。JRなどはなはだ響きのよくない語をつくって喜んでいる。日本語の正式名を知る人は十人にひとりもいまい。NTTが何の頭文字かわかる人も少ない。

昨年あたりから目に触れるようになったNISA（小型個人投資）が何の略語であるか知らないで、株を買っている人が多いらしい。

明治の昔は、外国語を漢字訳した。それで、外来語がそう見えなかったのである。日本人の漢字力が落ちて、カタカナ訳がはびこり、見苦しいことになっていたが、そのカタカナも少し元気を失ったのであろうか、英字がまかり通るようになった。

こういう変化をしっかり記録しているのは新聞しかない。

新聞大学は、そういう日本語の急激な変化を記録する唯一のものである。

それだけに、新聞大学で勉強するものは、ことばについての豊かな教養をもつことを心掛けたいものである。

新聞ほどすぐれたことばのテキストはない。毎日、新版が出るなど夢のようである。

4 疑問

自分なりの答えを出す

新聞大学のテキスト、日々の新聞は、小学校の教科書とは違う。小学校の児童は、教科書を丸呑み、覚えなくてはいけない。新聞大学で学ぶものは、しばしば、わからないことがある。聞く人もないから、疑問として頭にしまっておく。そして、ときどき思い返して、自分なりの答を出す。面倒なようだが、結構おもしろい。丸暗記と違って、アクティヴである。知識はともかく、ものを考える習慣を身につけることができる。

火災で死者が出る。珍しいことではなく、多くの火事で死ぬのである。真夜中ならともかく、生活している時間の火災でも死者が出る。

警察が原因を調べているなどという決まり文句のついた記事をどれくらい読まされるか知れない。そして、忘れるのである。

ものを考える力があれば、こんなニュースが繰り返されたら、おかしいと思わなくてはいけない。疑問をいだくのが正常なのである。

疑問に答えてくれるところもないから、自分なりに考えて答を出す、出そうとする。そしてちょっぴり考える。考えるくせをつければ、疑問が出るたびに、頭を働かせることになり、知的能力も高まる。そうなれば、新聞大学の成果は大きなものになる。

昔だって火事はあった。おもしろがって、火事を見に行く野次馬が少なくなかった。そういう人のためにではなく、火の見やぐらで半鐘《はんしょう》を鳴らした。カーン、カーンと間延びしたのは、遠い火事である。カンカンと早鐘なら近火である。いずれにしても、じっとしてはいられないから、外へ出る。夜なら空が赤く焼けている。野次馬は、そのまま、赤い空の方へ向かって走り出す。

夜の火事は近く見える。すぐ近くだろうと思って走り出すが、隣りの町だったりして、着いたころには、火は消えている。寒空をとぼとぼ帰って、風邪をひいたというのも珍しくなかった。

それでも、火事はおもしろい見ものであった。かりそめにもおもしろいなどと言っていられたのは、死人の出る火事が少なかったからだ。逃げ場がなくて焼死するなどというのは、それこそ珍しい火事であった。

どうして、戦後の火災で死者が出るのか。新聞は教えてくれない。警察が調べてもわからない。疑問としてあたためておくほかはない。しかし弱い頭でも、時間をかければ、いろいろのことを思いつく。

火事で死者が出るのは、建物の構造によるのではないかと考える。昔の家屋は出入り口のほかに、いざとなったら、廊下からでも外へ出られる。裏の雨戸を破って外へ出られる。いくらのろのろしていても、火煙にまかれるということはまずない。

戦後の洋風建築は、出入り口が小さい。しかも一つしかない。火のまわりが早いと逃げ出せないことがありうる。

昔の人には、いざというときに、どうするかという心構えがあった。夜、暗くなって何かあれば危ない、というので、鴨居《かもい》の上に、ローソクとマッチを置いておくという家庭は珍しくなかった。昔の人は、案外、用心深く、賢かったのである。火事で命を落とすようなことは例外的であった。

火災の原因

昔の火事が死者を出すことが少なかったのは、家屋の構造のためであると決めることはできない。ほかにも原因があるに違いない。そう考えていて、思いついたというか気づいたことがある。

戦後、外国の真似をして、洋風建築が多くなった。高温多湿の日本が乾燥した土地で発達した家屋の構造を真似れば、健康に影響するおそれがある、ということを考えなかったのは幼稚である。床は高くしなくてはいけないのに、地面につけてしまった。それを注意するのは新聞の責任ではないが、新聞大学に学ぶ者は独力で、疑問をいだき、それを解く思考力をもつことができる。

いまの住宅建築が火災で死者を出す一番の原因は、建材にあると考えることができる。せっかく豊富にある木材を捨てて、化学建材でコストをおさえるのが知恵だというのであろう。わけのわからない素材を使って住宅をこしらえて、進歩のように考えたのは、あまりにも単純である。

化学建材は木材に比べて火のまわりが速い。それだけでなく、木材からは出ない有毒煙が出る。うっかりしていなくても有毒ガスにつつまれて、命を落とす、ということになる。木材はもっと、おっとり、おとなしく、人畜無害に燃えることができる。

この想像は、当たっていないかもしれないが、ひょっとすると、当たっているかもしれない。死者の出た火災があったら、当局は、一応、疑ってみてもよいはずである。もし、うすうすはわかっていても、クサイものにはフタというわけで、伏せているのだとしたら、その罪は小さくない。

疑う力を養う

ぼんやり記事を読み、次の記事を見るころには、忘れている——そんな読み方をしていては、何年たっても、新聞大学卒業とはならない。

小さくてもいい。心にかかる問題をとらえ疑問をもち、自分を高めることを心がけるのがよい学生である。

小学校から大学まで、教育は知識を教えることに汲々としているが、ものごとの根本を考えることは、ほとんどまったく教えてくれない。

それで、知識だけはありあまるほどであるのに、おかしいことを疑い、原因を考える力のまるでない知識メタボリック症候群にかかっている人が増える。

新聞大学は、そういう知識バカをこしらえないようにしなくてはならない。自分の目で見て、納得し、わからないこと、おかしなことは疑う力をつけることを目指す。

賢くなることができるのが、新聞大学である。

5

立つことば・寝ることば

横書きの公文書

これから、公文書はすべて横書きとする――そういう訓令を内閣が発した（昭和二十七年）。

日本のことばは千年以上前から、タテに書き、タテに読む、と決まっていた。

それを無視して、横に書く、横に読むことにするなどと言うのはひどく乱暴なことである。公文書に限るとしても、日本語を変革しようというのである。反対が起こって当然である。ところが、反対らしい反対はほとんど見られなかった。何でも国のすることは反対しないとおさまらない新聞も知らん顔をしていた。これは、ずっと後のことだが、有力大学が国語の入試問題を横組みにしたことがある。このときは、新聞が大騒ぎして、その大学は次の年の入試では、タテ組みの問題に戻した。

だいたいことば、文字についての意識が低いから、大変革にも眉ひとつ動かすことができなかったのである。

文字は、読みやすさを考えて、つくられている。読みやすさは、読む視線と直角に交わる線を軸にしてつくられている。タテ読みの日本語では、

一、二、三

であるが、横読みのことばでは、

Ⅰ Ⅱ Ⅲ

となる。まちがっても、Ⅰ、Ⅱ、Ⅲとはしない。そんなことをしたら見づらくてしかたがない。

漢字が横の線を中心にできているのは、合理的であり、横読みのことばでは、タテ線が中心である。どんな変わりものでも、Ｇｏｏｄ・ｍｏｒｎｉｎｇなどと書いたりはしない。日本でも、大昔から、タテ書き、タテ読みと決まっていた。横線中心の漢字がよかったわけである。

戦争に負けて、頭が少しおかしくなったのかもしれないが、漢字まじりのことばを横書きし、横に読むことを制定したのである。だまっているとがおかしい、と思う人もなかったとすれば、おそるべし知的鈍感であると言わなくてはならない。

日本人の近視

これは戦前のことだが、海外で、おかしなブラック・ジョークが広まったことがある。メガネをかけて、カメラをぶら下げていたら日本人だ、というのだ。

それくらい、日本人に近視が多いのである。どうして近視が増えたのか考える人もなかったが、原因は英和の辞書にある。大正の終わりごろ、小型辞書ができ、多くの語彙《ごい》が収められているので、大流行。地方の中学生でも持たないものは少ないくらいであった。

小型辞書に多くの語を収めようとすれば活字が小さくなるのは当然。版元ではタテ長の細字活字をつくった。

いちばん目に悪かったのは、横組みだったことである。小さな活字を横から読むのがいかに目に負担をかけるか。英語をありがたいことばのように思っていた人たちが思い及ばなかったとしても、責めることはできない。

この小型辞書を、夜、照明のあまりよくないところで使えば、どんな目も、悪くなる道理であるが、それに気づく人がなかったのである。

日本人のかつての近視を小型英和辞書だけのせいにするのは当たらないかもしれないが、もっとも大きな原因であったことは間違いないだろう。

個人的なことになるが、私は若いとき、英語、英文学の月刊誌を、ほとんどひとりで編集したことがある。毎月、校正に苦しめられた。八ポイントの横組みで、十五万字くらいを、初校、再校と二度読む。終わると、目がボーッとする。それまですでに悪かった目が急速に悪くなり、眼鏡を何度もつくり替えた。

横に視線を走らせているのに、ともすれば下の行へ落ちそうになる。それを防ぐために行の下にモノサシなどを置いて校正した。文字を読む視線が左から右へでなく、上から下へ落ちそうになるためにそんなことが起こるのである。

新聞のタテ組み

そんなとき、タテ組みのゲラの校正をすると、まるで違っていい気分であった。横組みは日本語の理に合わない。日本語立つべし、寝るべからずというエッセイを書いたが、見てくれる人はなかったようだ。

そして、新聞が悠然としてタテ組みにしているのに、ひそかな敬意を覚えた。読者のことを考えれば、横組みなど問題にならないことを知っていたのであろう。

公文書が横書きになってから六十年を越すが、新聞のタテ組みはびくともしない。それがどれくらい新聞への信頼につながっているか知れない（もっとも、新聞も、横書きが気になるらしく、コラムなどで横書きを小出しにしてはいる。読者の反応はどうであろうか）。

もうひとつ、新聞の読みやすさを支えているのが、一行の字数が少ないことである。もともと短かったのが、だんだん減ってきたのである。読者は目を動かさずに一行を読むことができる。週刊誌も一行が短いが、新聞のようにはっきりしていない。

読者に親しまれることを狙っている文庫本などが、いつまでも一行、三十八字、四十字という長い行を並べているのが、おかしくないだろうか。電車の中などで読めば、次の行へ移りそこねて混乱するのである。

いくら一行の字数を減らしてみても、横組みでは、あまり読みやすさの効果がない。やはり、日本語は立っているべきであろう。うまく寝るにはよほどの工夫が必要で、いまのところ、見通しは明るくない。

横書き日本語は、なんのかんの、と言っても、少しずつ、広がっている。横書きの小説もある。辞書もあるという。見たことはないが、国語の検定教科書に横書きのが合格したという。

最後まで立ち続けるであろうと思われるのは、俳句、短歌、そして新聞であろうと思われる。

新聞大学に学ぶものは、新しい目で、日本語のタテ書き、横書きを考える必要がある。

7

6

社説

5

近寄りがたい意見

何十年も新聞を取っていても、社説を読んだことのない読者がいくらでもいる。何ページに社説が載っているか知らないのはもちろん。

おそらく、いちばん読まれないのが社説であろう。

新聞社では、ベテランの記者、専門記者を論説委員にして、交代で執筆させている。みんな力いっぱいの論説を書く。

格調は高い、しっかりした文章である。ところが、どうも、一般読者には近づきにくいところがある。社説が、読者に向かってものを言っているのでなく、政府、政治家、経済界のリーダーたちに批判的な意見を述べていることが多いからか。ことに、政府当局にもの申すということが多い。社会の木鐸であったころからの名残りであろうが、一般読者は、なんとなく淋しい気持ちになる。

二〇一六年六月二十三日の各紙の社説をのぞくと――

「朝日新聞」の第一社説は、「参院選　安保法制　誤った軌道を正せ」の見出しがついている。

「この参院選は、昨秋の安全保障関連法成立後、初めて全国規模で民意が示される機会だ」で始まり「選挙後、安保法は本格的に動き始める。誤った軌道は正さなければならない」で結ばれている。

第二社説は「都知事退任　舛添問題では済まない」の見出しで、「舛添要一氏が東京都知事の職を辞した。退任会見を開くこともなく無言で都庁を去った」という書き出しで始まり、「都議を含むすべての政治家がその視線を理解し、行動すべきだ」で結ばれている。

「読売新聞」の第一社説は、「参院選公示　主張の信憑性を見極めたい」である。書き出しは「第24回参院選が公示された。どの政党・候補者が、現実的な主張をしているのか、説得力と信憑《しんぴょう》性を冷静に見極めたい」で始まり、「民進党はどう説明するのだろうか」で終わっている。

第二社説は「北ミサイル発射　安保環境の深刻化を直視せよ」である。

「日米の安全保障上の脅威が深刻化した。警戒を強めるべきだ」が書き出しで、「安保環境を無視した議論は、国民の支持を得られまい」で終わっている。

「毎日新聞」の社説は一本。

「参院選スタート　党首討論会は何度でも」の見出しがついている。

「3年半の安倍晋三政権をどう評価するか。憲法改正や安全保障の問題をどう考えるのか。さまざまな課題が問われる参院選が公示され、7月10日の投開票日に向けて選挙戦がスタートした」で始まり、「自民党も再考したらどうか」で結ばれている。

「日本経済新聞」の社説は二ページ目にあって、他紙より大切にされている印象を与える。

「ツケ回しせず経済再生の道筋を示せ」が見出し、サブタイトルは「16年参院選　政策を問う」である。

書き出しは、「来春の消費税増税はしない。社会保障はできるだけ充実する。最低賃金を1000円に引き上げる。与野党の参院選公約にはともに聞こえのいい言葉が並ぶが、これでは有権者が知りたい疑問に答えていない。成長低迷をどう克服し傷んだ財政をどう立て直すのか。道筋をきちんと語るべきだ」。結びは、「現在の世代の反発を恐れて難題を封印している与野党だが、もうごまかしは許されない」となっている。

毎日、こういう社説を載せなくてはならない新聞はたいへんであろう、と思う読者は少ない。自分たちに向かってものを言っている感じがしないのである。しかし、社説など、読んだこともないという読者がおびただしい。いくら苦心の論説で声を大にしても、意味がない。

知的散文の手本

しかし、新聞大学で、新しい知識を求め、視野を広げようとしているものにとっては、社説はもっとも大切な読みものである。

日本人は、読書が好きである、と言われ、みずからもそう思っていたが、少し違うところがある。本を読むのが好きだと言っても、小説など文学が好きなのである。

少し理屈が入ると、とたんに、そっぽを向き、おもしろくないと言うのである。

学校の国語も、文学教育みたいなところがあって、小説の切れっ端を読ませる。理科の教科書などのことばは、ことばとして認めない。読んでもよくわからないという子どもを育てるのである。

知的散文というものが、発達しないのは当然で、実際、味わいのある散文の書ける人はきわめて少ない。多少とも言葉を飾らないと気がすまないのが多数である。

つまり、われわれの社会では、いまだに知的散文は確立していない。そのことをはっきり認める知識人も少ないから、言論がおしなべて、情緒的に流れやすい。ウェットな文章が喜ばれ、ドライな文章には人気がない。

そういう社会において、新聞の社説はきわめて貴重である。知的な散文にもっとも近いと言ってよい。

それがおもしろくない、と言われるのは、半分は、読者に責任がある。論理というものが美しいと感じる教養をつけるには、さしあたって、新聞の社説がもっとも手近で、わかりやすいテキストとすることである。

読みなれると、社説の文章にも味わいが出てくる。ときにおもしろいと思うこともある。知的散文の手本として、社説は有益なのである。

現実的なご利益

わかりにくい社説にぶつかったら、投げ出すのではなく、もう一度、こんどは、声を出して読んでみる。すらすら読めるようだったら、その文章は相当すぐれているのである。模範的散文として見ると、社説にも、よりいっそうの洗練がほしいと思われるところもある。真剣に読んでくれる読者が増えれば、おのずから、社説はよりよき文章になる。読者の得るところは小さくない。いずれにしても社説が文章としてもっとも手短かな手本であるのは間違いない。

新聞大学のテキストとして見ても、社説はもっとも有望なものである。とっつきにくいきらいはあるものの、社説のスタイルをマスターすれば、もの書きになることも充分可能である。

志のある人は、ただ読むだけでなく、これは、と思った文章に出合ったら、書き写してみるとよい。写経などより、ずっと、現実的なご利益《りやく》があるだろう。

社説の読者が増えれば、一般の人の知識、思考が大きく変わり、進むにちがいない。文化的進歩が起こり、人々の知性が新しくなることも考えられる。新聞大学の意気も高まる。

7

コラム

短いことはありがたい

いちばん多くの人が読んでいるのは、やはり新聞である。何百万という読者をもっているのが、ひとつではなく存在するというのは世界でも珍しいだろう。

日本の新聞がとくによくできているからというのではない。戸別配達があるからである。内外を問わず、新聞が大部数発行を維持しているのは、文章が短いからである。

ニュースの速報を目的とする新聞である。机に向かって長い原稿を書くという芸当はできない。もとは走り書きの原稿を送っていた。長い記事のできる余地は少ない。

新聞は何回も版を改める。早版で五十行あった記事も、あとから大きなニュースが入ってくると、終わりの部分がカットされる。カットされてもいいように、重層的記述がしてある。尾を切り落としても、致命的にならないような文章になっているのである。

読者にとっても、短いことはありがたい。同じようにおもしろい読物であることを狙っている雑誌が、それほど多くの人に読まれないのは、不必要に長いことである。ちょっとしたテーマ、問題に、十ページも十二ページも使う。せっかちな読者は、その長さにへきえきして、表題読者になる。本文は、はじめを少しカジって放り出す。はじめから敬遠することのほうが多い。

あらかじめそういう読者を想定しているから、とにかく盛り沢山の記事を並べて、何百ページの大冊になる。喜ぶのは原稿執筆者と書店くらい。読者はなんとなく寒々しいものを感じる。

もっともいけないのが、単行本である。薄くても二百ページを割ることは少ない。小さなテーマで、十万字の論文、原稿を書ける人は、そんなに、いるわけがない。どうしても、おもしろくない長文を読まされることになる。タダなら、ともかく、結構な値段がついている。気の小さい読者は危きに近よらず、とばかり本離れする。

読みやすくしようと、新書があらわれ、大書籍よりとっつきやすいと人気を集めたが、執筆者が、七万字、八万字の原稿をつくる力をもっていないから、おもしろい本がなかなか出ない。新書がかつてのような人気を受けることがなくなろうとしている。

もう一段、ハンディな本をつくろうというので、文庫本が広まった。大きさも手ごろであるし、読みやすいと言われているが、なお、二百ページないといけないようだ。安い本、薄い本が少ないのは、読者から歓迎されないのではなく、書店がいやがっているらしい。ページが少なければ、読者は喜ぶが、商売をする側の人にとってはありがたくない。読者軽視の出版文化の泣きどころは、長大重厚な表現ということになる。

コラムでないコラム

その点新聞は、めぐまれている。長くしようとしても長くできないのが、かえってメリットになる。難しい本などお断わりという人も、新聞は気軽に目を通す。

短い記事でできている新聞でも、ことに短い文章が好まれる。昔からそうであった。その短文として連載小説が重宝された。ほかに何も読まない人も、新聞小説は例外。毎日目の色を変える人もあらわれる。どうしたわけか、連載小説の人気に影が差すようになった。いま、自分の家で取っている新聞に、どういう小説が載っているか、はっきり答えられない人が決して例外的でなくなっている。

その代わりになるものがあるとは言えないが、短いという点で、コラムに人気が集まる。コラムというのは、もともと、枠《わく》でかこんだ記事のことであるが、いまは、枠で囲むことは少なくなった。コラムでないコラムが読者に喜ばれる。

各新聞とも、朝刊、第一ページのいちばん下に、看板コラムを並べる。筆者は名を出していないが、社内切っての文章家が競い合うのだから、おもしろくないわけがない。

冷凍言語を温める

戦後、いち早くこのコラムに目をつけた人がいた。東京の中学校の国語の先生である。すぐれた実践が多かった大村はま氏は、毎日、朝日新聞の「天声人語」をガリ版にして、教材にしたというので評価を高めた。

新聞大学の教材としても、やはり、コラムはもっともすぐれている。文章の書き方を教えてくれるだけではなく、ものの見方についても学ぶことができる。

現に、新聞第一ページのコラムを書き写すことをしている人がいるらしい。なかなかうまい勉強である。お寺で写経するよりはご利益であるかもしれない。

新聞大学で学ぶものとしては、無口で書写するのではなく、声を出しながら読むという勉強がおもしろい。

ことばは声が基本である。文字はそれを写した記号であって、声を失っている。文字だけを読んでいると、どこかおかしくなるおそれがあるが、いまの人たちは、そのことを考えない。そして文章のほうが話より高級であると決めこんでいるようであるが、近代の誤解のひとつである。

ことばは声で生きる。古くなると消えるから、冷凍して文字化・文章にするのである。文字、文章はいわば冷凍言語である。冷たくて生気に欠けるところがあるのは是非もないことであろう。人間にとって生きる力のことばにするには、温めて、解凍し、血の通ったことばにする必要がある。

新聞大学に、そういうことができる保証はないが、毎日、心を込めてコラムに親しんでいれば、運がよければ、いのちのことばを発見することも不可能ではないと考える。

8

文芸

文学至上主義

戦後の文化は大きく変わってきたが、もっとも激しい変化を受けたのは文学、文芸であろう。

かつて、戦後十年くらいまでは、日本は文学天国のようであった。少し能力のある若ものは文学青年たらんとし、文学青年になった。将来のことも考えず、文学科へ入り、気焔をあげた。文学青年ということばが使われることが少なくなっても、文学青年であることを誇りにするのが若い人たちの特権であるかのように思われていた。

そういう時代を反映して、新聞も文芸に力を入れた。毎日、何本もの連載小説を載せて読者サービスをした。その成否が発行部数を左右するとあって、新聞社はたいへんな力をそそいで、評判作を提供しようとした。

新聞小説を書けば、有名になり、うまくいけば、大家になることもできるから、執筆に当たっての意気込みも違う。

読者は、新聞小説に導かれて、文学の道に入るということも少なくない。ことに、文化的刺激の乏しい地方にいる若ものにとって、文学青年になることは人生の出発点になり得た。

新聞小説を卒業すると、文学雑誌がある。これは、純文学中心で、通俗小説的である新聞小説とは趣を異にする。いくつもの文学雑誌が競争するということが続いた。

新聞は、純文学を連載することはなかったが、毎月、文芸時評を載せて、文学界を展望、文学批評というものを盛んに起こした。

新聞の文芸時評は、かなり広く、知識人に注目されて、文学活動に大きな影響力をもった。ある期間、同じ文芸時評を担当し、批評家としての地位を固めた人も少なくない。

そういう創作文芸にかげりが生じたのは、高学歴化のすすんだ時期である。〝事実は小説より奇なり〟を地でいく若い人たちが生まれて、文学が変質する。少なくとも、文学至上主義が勢いを失いはじめる。

文学離れ

さすがに新聞である。読者の変化をいち早くとらえて、紙面を変化させた。連載小説に見切りをつけ、だんだん少なくし、とうとうなくするところまであらわれたが、読者は少しも騒ぐことはなかった。文芸時評もいつしか見られなくなったが、それを惜しむものは少なかったのであろう。なくなったこと自体に気づかなかったのである。文学離れでは、新聞は先駆的であったと言ってよい。

文部科学省が、国際競争力に欠けるというのを理由に、国立大学の文系学部、学科の再編廃止を求め、各国立大学長あてに通達を出した（二〇一五年四月）。驚くべき措置である。かつての文学青年であれば、腰を抜かすであろう。社会の木鐸としての新聞も、これに対して知らん顔をしているわけにはいかなかったはずである。

ところが、実際には、この問題を取り上げて、批判する新聞はひとつもなかったのである。新聞はとっくに、同じようなことをしていたからであろうか。

それを見て、一般の人たちも、文科縮少に反対する勢いをもつことができなかったのであろう。文学は半ば死んだようである。

いまの新聞は、非文学的である。それを文化的記事によって埋め合わせようとしているらしいことを、読者はある共感をもって見守っているかのようである。

本格的エッセイ前夜

いまの新聞で残っている文学関係の活動は短歌・俳句の投稿欄くらいである。俳句も短歌も、短い。スペースをとらずに多くの作品を掲載できる利便がある。読者をつなぎとめるのに、好都合である。各新聞とも、選者を複数立てて、投稿を待っている。

しかし、文学の退潮は、この俳句、短歌欄にも及んでいるように見受けられる。かつてのような熱気が感じられない。

小説に代わるものとしては、エッセイがあるけれども、エッセイは、小説以上にすぐれたものを書くのは難しい。随筆と言われたころからすぐれた書き手が少なかった。

かつての寺田寅彦《てらだとらひこ》のような書き手が何人かあらわれれば、新聞文芸の花が咲くことになるであろう。いまは、その準備の時であるかもしれない。

新聞大学の読者としては、それを待つ間、第一面の下のコラムで代用するほかないかもしれない。近年、この第一面のコラムへの関心度はたいへん高まっている。

文学的関心をこのコラムだけで満足させることはできないが、本格的エッセイが確立するまでの間、コラム頼み、は仕方がないかもしれない。

9

読書・書評

入手困難の本

本が読まれなくなった。

そう言われるようになってから、五十年近くになる。

テレビのせいで、本が読まれなくなった、という人がいるが、そんなことはない。本が手に入りにくくなったからである。

東京などでは、少し努力すれば、何とか欲しい本が手に入る。

九州の知り合いが、嘆いてきたことがある。新聞広告で見て読みたくなって町の本屋に注文する。

いつまで待っても来ない。催促に行くと、〝あれは、売り切れでした〟などという信じられないことを言ってごまかす。二、三度、そういうことがあって、この人は新刊書を買うことをあきらめた、と言う。

こういう人が、全国各地にいるであろう。本が読まれなくなって当然である。

九州の知人は、東京の人が羨《うらや》ましい。好きな本が、すぐ手に入る、と言った。しかし、これも見当外れである。東京にいたって、欲しい本を手に入れるのは容易ではない。

近くの本屋をのぞく。まるで本などない。新刊に注意している風もないから、新聞広告を切り抜いて持って行って、この本を、と言うのだが、店員が首をかしげて、「うちにはありません」などと言う。仕方がないな、と思いながら、店を出ようとすると、雑誌のかげに、その本があるではないか！

「これですよ」と言って店員に渡すと、〝ああ、これですか〟と少しも驚かないからいやになる。

小さな書店はダメ、大型書店で探そうと思って、有名な書店へ行く。おびただしい本がひしめいている。どこにどういう本があるのか、小さな札がついているが、下からはよく見えない。

店員をつかまえて、きいてみる。さっと探し出してくれる店員に出会ったら運がいいのである。つまり、本が多すぎて欲しい本が手に入らないのである。大型書店で欲しい本を見つけるには時間がかかる。せっかちな読者は、もうやめた！　と言って喫茶店へ行くのである。

書評は〝生木〟のようなもの

一般の人は、やはり新聞が頼りである。新聞はそろって日曜に、読書のページ、書評のページをこしらえている。

読書好きの人への手引きとして、新聞はユニークである。

三ページから四ページがそれに当てられるが、取り上げられるのは専門書が多い。そうでなくても堅い本ばかりが取り上げられているから、読者にはいまひとつもの足りないのである。おもしろい、というような書評にはあまりお目にかからない。

書評に署名があるからである。かつては、無署名が普通であったが、いまは、肩書き付きの名前が出る。

署名のあるなしなど、ノンキな人は問題にしないようだが、大違いである。匿名《とくめい》のほうがいい書評ができる。身分を明かした原稿には、いろいろのシガラミがまつわりやすい。

著者への気兼ねもある。出版社への配慮もある。縁のある出版社の本を悪く書けばおもしろくないことになる、というのが普通の人の思惑であろう。著者との関係も、デリケート。本当のことを書けば、社交上、おもしろくないことになるという心配をしないほどの人物は書評などしない。

つまり書評という仕事には魅力がないと思う人が多くなった。それで、本名、肩書き付きの書評が始まったらしい。それなら引き受けるという人がいるからであろう。

署名のある書評で読者を感動させることは少ない。無署名の書評で一生を変えるような本に出合うことがある。

ある人は四十年前、アメリカの有力週刊誌『タイム』の書評で名著に出合った。もちろん無署名である。『パーキンソンの法則』である。『タイム』の書評は、「この本は、ひょっとすると、ダーウィン以来の大著かもしれない」と書いてある。無署名だから迫力がある。手に入れて読んでみると、なるほどと唸りたくなる本だった。あとでわかったことだが、イギリスのサッチャー首相は、この本によって〝小さな政府〟を考え、国有企業の民営化、大学の学費引き上げなどを断行したという。

レーガンも中曽根《なかそね》首相も、サッチャーにならって行政改革をした、と言われる。その原点が、この『パーキンソンの法則』であった。それをいち早く知らせたのが『タイム』の書評だったのである。無署名でなければ、あれほどの影響力はなかっただろう。

書評者が名前を出さなくとも、書評が正しい判断を下すのは、一般に考えられているほど容易ではない。

出たばかりの本、ゆっくり読む時間もなく急いで書いた書評はどうしても歪《ゆが》みがある。〝大工は生木で家を建てない〟と言うが、書評は〝生木〟のようなもの。時がたてば、変質する。

三八《サンヤツ》広告

イギリスの「タイムズ・文芸附録」は世界的権威のある書評専門週刊誌である。

あるとき、目覚ましい企画を立てた。二十五年前の同誌の書評をそっくりそのまま再録したのである。もちろん書評はすべて無署名であった。

おもしろい、というか、驚くべきことが明らかになった。

二十五年前に、絶賛された本が、いまはほとんど忘れられているかと思うと、つまらぬ本だとされた本が有名になったりしている。要するに、書評のいのちは二十五年ももたないということである。

署名のある書評ではどういうことが起こるか、試みるところもあるまいが、書評の正当性は、これから吟味されるべき大問題である。

新聞大学においては、さしあたって、そんなことまで考えてはいられない。興味の持てるような本の書評を信用して、読んでみる、ということになるが、新聞の書評は、毎週一回、特集されるが、取り上げられる本は多くて十冊から十二冊、どれも手が出ない、ということが多い。

本を求めるとき、案外、大きな役割を果たしているのが、広告である。

たいていの新聞が、朝刊第一ページの下に新刊書の広告を並べている。毎日、八社が新刊を出す。業界語で、三八《サンヤツ》と言われるもので、毎日、新刊書籍を広告する。本に関心のある人はかならず目を通す。多少、誇大宣伝めいた文句もあるが、大目に見てやれば愛嬌《あいきょう》である。第一面だけでなく、二面、三面にも、こちらは大きなスペースを取った書籍広告のあることが多い。いずれにしても、新聞は読書案内としてきわめて大きな働きをしている。

新聞大学において、読書欄、書評ページの存在はきわめて大きい。

10

経済知識

外国為替

日本人は金銭への関心が高い。小金を貯めるのを生き甲斐《がい》にする人が多い。その割には、経済ということに関心が低いのである。経済などということを考えなくても立派に生きていかれる。

所得倍増で評判の高かった日本の首相がフランスを訪れた。迎える、フランスの大統領が、記者団に〝これから、トランジスターのセールスマンに会う〟と口を滑らせたのではなく、本音を漏らした。

それはさっそく外電として日本へ入ってきて、報道する新聞が多かった。けしからん、暴言である、と怒る日本人はなかったみたいで、新聞もテレビも問題にしなかった。外国に弱腰なのは悪いことではないが、暴言を吐《は》くリーダーに、ひとことの挨拶もできないのは、腰抜けである。そういうところから、日本人はエコノミック・アニマルだという綽名《あだな》をつけたのも、やはりフランスだったようである。失礼だと、日本は怒らなくてはいけないところである。

一般読者は発言の方法がないから仕方がないが、然るべき、立場にある人たちが、知らん顔をしているという手はない。新聞も、〝社会の木鐸〟だと言うのだったら、然るべき反応を示さなくてはいけない。

〝社会の木鐸〟は、昔から、政治問題の報道、批判には強かったものの、経済に関してはしっかりした知識を持っていなかったように見受けられる。

比較的新しい問題でいうと、外国為替《かわせ》がある。戦後ずっと、一ドル三六〇円、一ポンド一〇八〇円で固定していた為替が、変動制になったときのことである。一般が戸惑《とまど》うのは当然だが、専門家も、外国為替をよく知らなかったらしい。

各国が為替市場を閉鎖して自国の通貨を守ったのに、日本はのんびり一週間もの間、市場を開けたままであった。外国の投機筋に狙われて、巨額の損失を受けることになった。

新聞も、批判する力がなかったのであろうか。黙して語らない。経済学者、評論家も黙して声をあげない。異例の失態を叱るものもなくて、おさまった。日本人にとって名誉なことではない。

経済用語の命名

為替が変動するのを呼ぶ日本語がない。作らなくてはならない。変動為替というのがしばらく使われていたが、いかにも不細工である。仕方がない、円安、円高ということばをつくって現在に至っている。

一ドル一〇五円なら円高で、一一〇円なら円安になる、というのが一般の人にはよくわからない。一一〇円のほうが高いではないかという人がいまも存在するらしいのは、エコノミック・アニマルと言われた国として恥ずべきことである。

イギリスも日本といっしょに変動為替制に切り換えた。日本と同じように、これを呼ぶことばがない。各新聞社が、ことば作りに目の色を変えたらしい。またたくまに、フロートということばを当てることに決めた。フロート、floatは水に浮かぶ、という語である。水に浮かんでいるものは、浮沈する。それが、為替の変動にもっともよく適合する。マスコミが賛同して、用語が決まった。それもマスコミの力であった。ちょっと羨《うらや》ましいような気がする。

企業のお家騒動

日本人の経済的関心はゴシップの色彩が濃い。本当のところを突き留めるのではなくて人事に興味を持つ。

企業の社長交代がいいニュースになる。創業者が、わが子を後継にしようとして騒ぎになると、色めき立つ。新聞が、内幕を明かすのが、読者にはおもしろい。外国為替のことはわからなくても、お家騒動はおもしろがる。ニュースは繰り返してゴシップを流すから、そのうちに、社会問題のようになる。

そうして、晩節をけがした実業家が、戦後どれくらいあったかわからないが、もとは新聞、雑誌のマスコミである。その背後に読者がいる。

下手な小説よりこういう人事のほうがおもしろいこともあって、読者を楽しませる。しかし、そんなのは経済知識でも何でもない。本当の経済知識を身につけるには、さし当って、新聞しかない。

新聞大学では、たとえおもしろくなくても、繰り返し経済知識を身につける努力をする。はじめは歯の立たなかった記事も、読んでいると、だんだん、わかるようになる。自分の家計のレベルを超えて、経済というものについていくらかでも知見ができれば、知識人と言ってよい。

文科系、理系を問わず、大学を出ても、経済知識などまるでないということが普通である。外国から、エコノミック・アニマルなどと言われるのは、おかしいくらいである。

少なくとも、もっと経済を知らなくてはならない。と言って、ほかに、教えてくれるところはない。専門の経済誌など存在もわからないし、読んでも、まるでわからないだろう。

しかしながら、現代、最小限の経済知識は必要である。それを教えてくれるのは、さしあたり新聞以外にない。

新聞大学の役割は小さくない。

1

11 予報

2

〝週末は悪天候〟

戦後しばらくして、東京の池袋から少し離れた、もと巣鴨《すがも》プリズン跡に、超高層ビル、サンシャインが建って、東京名所のひとつになった。

数年すると、その近くに住む、おじいさんが評判になった。サンシャインからほど遠くないところに住んでいるこの人は、ずっと毎日、サンシャインをながめて暮らしていて、おもしろいことを発見した。

ビルの見え方によって、天気を予言できるのである。まわりの人が感心して話題になった。

お天気で左右される商売の人が、訊きに来るようになった。天気がよければよく売れるから、仕込みを多くする。雨なら控える。その判断が難しいが、このおじいさんの予報は、ありがたい。

特約して、地域の天気予報を手に入れる人が増えて、お天気じいさんの商売が繁盛したというのである。

そのころはまだ、天気予報が重要なニュースになるということが、よくわかっていなかったらしい。〝明日は晴れ、ときどき曇り、ところによって雨〟といったことを平気で報じていた。当然、小さな地域の天気予知が、たいへんなニュース・ヴァリューをもっていることを知らなかった。

そのころ、ある大学付属の有名小学校で児童にアンケートした。

〝テレビで、なにがいちばんおもしろいか〟という質問である。学校側は、マンガとかスポーツ実況などを予想していたが、子どもたちは、「天気予報」と答えた。

これは、特別な学校だからである。普通の小学生だったら、子ども番組と答えたであろう。付属小学校の子どもは、こましゃくれていて、子どもらしくはないが、かなり知的であるということができる。

いまは、天候ニュースに注意する人が増えている。

だいたい〝天気予報〟ということばがいけない。当たることも多いが、ときどき、外れる。

観光地の人たちは、天気予報を恨む。

〝週末は悪天候〟

などと言えば、やってくる客はいなくなる。それが、当日になると、上天気。せっかくの書き入れどきをつぶされて、気象庁を呪い〝税金ドロボウ〟などとヒドいことを言うものもあらわれる。

そういう声がきいたのかどうか、天気予報ということばが、いつしか消えるともなく、消えた。いまどき、天気予報を見、聞きすることはできない。気象情報である。いかにも冷たく、生活離れしているが、天気予報で叱られるよりましだと思うのであろう。

沈黙の天気予報

新聞はもともと、天気予報にも、不熱心であった。読者も、どこに天気予報があるのか知らずにいるということが多かった。

いまでも、気象情報とうたったニュースを載せている新聞はない。黙って、天気図や、晴雨表を載せているだけである。文字は使わない。ハレマーク、クモリマーク、アメマークを並べて、知らん顔をしている。

仕方がないから、テレビを見る。民放はお座なりの報じ方だから頼りにならない。NHKテレビは、たいへん気象情報に力を入れている。ニュースの時間前にたっぷり気象情報を出す。少し時間が長い、うるさいと思うことが多いが、とにかく、同じようなことを何度も繰り返す。頭のよくない視聴者でもわかってありがたい。天気に関係なく気象関係のことばを教えたりしてくれる。

テレビの気象情報の泣きどころは放送時間が決まっていることである。だいたい定時に気象ニュースが出るが……。

外出しようとして、空模様が少しおかしい。傘を持って行くかどうか、迷っていても、四時半ではテレビの気象情報はないから、仕方なしに、新聞の天気欄を見る。

いつからこうなったのかわからないが、新聞の天気欄から文字が消えていて、ほとんど絵と図になってしまった。

コレクティヴ・コンシャス

新聞大学の読者は、しかし、そんなことにこだわることはない。

ニュースはみな過去のことである。いくらホット・ニュースでも、何時間も経過している。ところが天気予報は、未来のニュースである。外れるのは当たり前、百発百中などという予想はない。そういう目で天気予報を見る目を養なうことが求められる。知的読者である。

新聞のない昔、天気を読むおもしろさを知る人はいた。予報はしないが、気象についての知見を持った人がいた。ひとりではなく、何人もいたらしい。別に会議などしたわけでなく、気象についての知見を高めた。

その結果がことわざとなって後々に伝わった。

夕焼けは晴れ

朝焼けは雨

東風は雨
暑さ寒さも彼岸《ひがん》まで
三寒四温《さんかんしおん》

などというのは、コレクティヴ・コンシャスネス（集合的意識）の生んだ知恵である。

いまの人間は、みずから知識を生み出す力を失ってしまっているが、新聞大学で勉強していると、ひとりひとりが、コレクティヴ・コンシャスネスに近いものを体得して、新しい発見をすることができるようになるかもしれない。

それをもとに新しい知能を養うことも夢ではない。

人工知能が人間知能をおびやかしているが、このコレクティヴ・コンシャスネスという知性、知能を育てれば、機械に敗けることがなくなる。

ウサギとカメのカメは愚かであった。ウサギの得意とするかけっこで丘の上まで競走しようとした。勝てるわけがない。知恵のあるカメなら、海の中の島までの競走をもちかける。ウサギはバカではない。はじめから試合を放棄。カメは戦わずして勝つという成果をおさめることができる。

新聞大学が、そういう賢いカメを育てることができれば、社会の木鐸どころか、新世界の盟主になりうる。

予報は、その入口というわけである。バカにしてはいけない。

1

12 投書欄

3

〝休みがコワイ〟

あるとき、ある新聞の投書欄に、タクシー・ドライバーの文章が載っていた。交差点にクルマを止めて信号待ちをしている。前をたくさんの人が通っていく。ところが、渡れば渡れるのに、次の青信号を待つらしい小学生がいる。それを見て、タクシーの運転手は、感心した。家庭のしつけがいいのだろうか、かわいかった。子どもも立派だが、それを見落とさぬ大人の目が読むものの心を動かして、そういうタクシーが走っている、と思うと、世の中が明るくなるようであった。

またある日、別の新聞で、〝休みはコワイ〟という投書が載っている。学校五日制になって数年したころである。

子どものころから、休みがうれしかった。いつも、日曜を待っていた。夏休みは夢のようであった。休みは大好きだったのである。世の中へ出て、勤めを持つようになっても、休みが楽しみであった。外国から日本人は働きすぎると批判され、企業などが週休二日制を始めた。あれほど楽しみであった休みが、それを境いに輝きを失いはじめる。週末二日も続けて、ぶらぶらしていられない。こっそり会社へ行って仕事をすると落ち着く。休日過多症というものがあるみたい。

二日、することもなく、ブラブラしていると体の調子がおかしくなる。気持ちが疲れて、仕事をする気力がなくなる。それでこの人は、休みにコッソリ勤めに出た。仕事をして帰ると気持ちが平常に戻る。それで、毎週のように休日出勤をしているという。

学校が、遅ればせに、週末、二日休む、学校五日制をスタートさせたときも、いいではないかと社会も家庭も肯定的であった。

週に二日も休むのは、やはり、よくなかったのである。困ったことがすぐ起こった。子どもが、月曜に学校へ行きたくないと言い出した。ハラが痛いと言う。それで休み出す。しばらくたってホンモノの不登校になってしまった。週末二日休むからだと、この投書者は考えた。

役人や教師はノンキだから、休みが増えれば、子どもは喜ぶだろうと考える。まさか、そのために不登校が増えるなどと考える軟らかな頭がない。人間はリズムで生きている。

生活のリズムが崩れると、心身ともに不調を来《きた》す。そういうことをさきの投書は訴えているのである。こういう投書を見たら、しばらく、頭を冷やすようにするのが、新聞大学の学生であると言ってよい。

〝編集へのお手紙〟

外国の新聞は日本に比べると概して読者の投書がすぐれている。だいいち、投書、などと言わない。〝編集への手紙〟（Letters to the Editor）と呼ばれることが多い。

イギリスの最高級紙「ザ・タイムズ」、俗称ロンドン・タイムズのレターズ・トゥ・ザ・エディターは、社説とならんで同じページに載っている。

おもしろいことを言うな、と思って読むと国務大臣だったりする。生活者のちょっとした発見を伝えるものもある。かと思うと、うちの庭先のライラックが今年は例年より早く咲き出したが、少し勢いがないようで……といった素人ばなれした文章もある。

いずれにしても、レターである。エッセイなどと気取らない。反対、攻撃の叫びではない、やさしくあたたかい文章が見られる。

アメリカの新聞は、少し味わいが欠けるように感じている日本人もいるようだが、それは誤解である。アメリカのレターズ・トウ・ザ・エディターにも、びっくりするような良い文章が見られるのである。

「ニューヨーク・タイムズ」に読者寄稿の文章が載った。イギリス人の手紙好きを実にうまく紹介する文章で、おもしろかった。

この筆者は数年、イギリスで生活してアメリカへ帰った女性である。隣りは大会社の社長だった。会ってことばを交わしたことはほとんどないが、ときどき、手紙が来る。うちのバラ、今年は、とくに美しく咲いています、といった挨拶《あいさつ》である。

少し離れたところに親しい家族ができたが、実に心豊かな生活をしている。近くにひとり息子がいて、ときどき、両親のところへ食事に来る。

息子が帰ると、両親は別々に、息子へ手紙を書く。今日はよく来てくれました。実に楽しかった。ありがとう、といったものらしい。息子も帰ると両親あてに、礼状を書くらしい。そういう話を聞くだけで、心豊かな暮らし、というものが感じられる。

このアメリカ婦人はひどく感心してアメリカの新聞読者に伝えようとしている。いかにも清々しく、心を打つ文章であった。

新聞大学の運動場

日本の新聞の投書は、どうしたことか、騒々《そうぞう》しかったり、むやみに攻撃的だったり、自己主張がむき出しであったりする。書いている当人は得意かもしれないが、読者には、おもしろくないものが多い。もっと多くの人が大人の文章を書くようにならないといけない。そうは言っても、はじめに紹介したタクシー・ドライバーのような人もあるのである。新聞大学で学んだら、いい投稿ができるようになりたい。それには、投書欄をバカにしないで、読む習慣をつけるようにしたい。

投書欄は、新聞大学の運動場である。自分を磨くことができる。そう考えるのが新聞大学である。

13 切り抜き

ノート方式よりカード方式

前に書いた見出し読みは、人によって差はあるが、二、三カ月もすれば、要領はわかる。

そうしたら、最初の一パラグラフ、リードと言われている部分を読む。一ページにひとつくらいでいい。

これをまたしばらく続けていると、これはおもしろい、という記事にぶつかるようになる。

そうしたら、じっくり全体を読むのだが、そのままでは忘れてしまう。なんとか記録しておきたい。

勉強している大学生は、読んでいる本で、おもしろい、自分の興味につながるようなところに出合うと、やはり、記録したくなる。

いちばん普通なのがノートに取ること。本の文章をそのまま引き写すこともあれば、それが長文になるときは要旨を書き留めるかするのである。

ノートを取り出すと、調子づいて、何でもノートするようになるが、これはまずい。本当に大切なところだけをノートする必要がある。しかし、これがなかなか難しくて、どうしてもノート過多になるのである。

そうすると、一冊の本を読み上げるのにたいへんな時間を要することになって、能率が悪い。

その問題を解決するものとして、カードがつくられた。京都大学の人たちの考案で、ひところ異常なほど人気があった。

ノートに書き取ったものは、利用がしにくい。トピックも散らばっている。まとめるのが厄介である。ノートは骨を折ってつくっても、利用されないことが多い。

それに対してカード方式は便利で、あとでトピックごとにまとめることも簡単にできる。

カードが普及して、ノートを取りながら本を読むということが少なくなったようである。

切り抜きのひと工夫

新聞は本とは違う。

昔から、ノートを取りながら新聞を読む人はいなかったと思われる。もちろん、カードをつくりながら読むという人もない。

しかし、役に立ちそうな、おもしろい、あとで使うことのできる知識の含まれた記事はある。どうするか。

切り抜くのである。

本を切り抜くことはできない。切り抜いたりしては、本をつぶすことになる。本の切り抜きなど考えることもできない。本があふれ、本の始末に困る人がいる現代においても、本のおもしろそうなところ、役に立ちそうなところを切り抜くという人はないだろう。捨てる本はあるが、切り抜きする本はないのである。本の持つ力はそんなところで顔をのぞかせる。

新聞は読んだら捨てるものと思われている。切り抜きしても、悪いことをしているという気持ちはしない。

これはという記事は、その場で切り抜くのがよい。あとで、などと思っていれば、二度とお目にかからないかもしれないのである。

朝刊で読んで、おもしろいな、と思い、役に立ちそうだと思っても、時間がなくて、そのままにして、ほかのことをする。夕方になって、思い出して、やはり切り抜こうとするとどこだったか、わからなくなってしまうことが少なくない。やはり、切り抜きは、読んだ直後でないといけない。

それには、カッターが手許《てもと》にあると便利である。ハサミでは入り組んだ記事がうまく切り取れないことが少なくない。

将来のことを考えると、切り抜きには、出典つまり新聞名と日付を記入しておかないといけない。ただの切り抜きでは、いつのことかわからなくなってしまう。

日付をつけるというのは、実際にわずらわしいから、なかなか行われにくい。それでせっかくの切り抜きが役に立たなくなってしまうことが多い。

家族がまだ見ていない新聞を切り抜きたいときにはひと工夫が必要になる。その場で切り抜けば、あと家族が読むときに困る。しかし〝あとで〟と思っていると、さきに述べたように見失ってしまうことになりやすい。

太書きの赤マジックペンなどを用意しておいて、切り抜きたい記事があったら、赤い枠で囲む。

そうしておけば、あとになっても、見失うことはない。あとから読む家族はいくらか迷惑するかもしれないが、かえって注意して読むかもしれない。

切り抜きをはじめると、やはり、おもしろくなってなんでも切り抜きたくなるが、そこは適当におさえ、我慢するようにする。

分類と整理法

それでも、切り抜きは溜まる。そのままにしておいたのでは役に立たない紙屑《かみくず》になってしまう。

そこで分類を考える。

たとえば、〝人工知能〟〝ドローン〟〝ラグビー〟〝病気・治療〟などに分けて、それぞれをまとめる。ファイルに入れておくと便利である。

森銑三《もりせんぞう》という学者がいた。学歴らしいものもないのに、博学多識で、大学の研究者たちからも一目も二目を置かれていた。誤ったことを書くと、森翁は、さっそく、訂正を申し入れる。それで怖れられるようになった。

その森さんが、かつて、こっそり私に教えてくれたことがある。読んでおもしろいと思う新聞記事があったら、切り抜く。切り抜けないものなら、書写する。それを分類して袋に入れておく。

だんだん、袋がふくれていく。

ある程度、ふくらんだら、袋から取り出して整理する。うまく整理がついたら、それをもとにして、本を書く。そうすると、しっかり本が書ける、と森さんは教えてくれた。

そういう方法で森さんは何冊もの本を出したのであろう。

新聞大学は本を出すことを直接の目的としていない。したがって、切り抜きの分類整理にさほど時間と労力をかけたりすることはできない。しかし、読むものの知能を拡大するのは大きな目標であろう。そうだとすれば、切り抜きをそのまま死蔵しておくのはもったいないことである。

あるところへ来たら、切り抜きを見返す。おもしろくなくなったりしたものは捨てる。残ったものを、スクラップ・ブックに貼っておく。

ひょんなとき、このスクラップ・ブックを見返すとおもしろい。知識が増加するのはもちろんである。自分の興味、関心を見すえることにもなる。知的個性ともいうべきものを知ることもできる。

5 | 14 | 1

模擬投資

投資ゲーム

日本人は気が小さい。金は欲しいが、危ないことをして損するのはまっぴら。預貯金なら安心とばかり、貯金をする。

このごろのようにマイナス金利になると預貯金でカネを増やすことができない。減っていく理屈である。それではたまらない。といって、小型金庫が売れているという。ほほえましいが、少し情けないような気がする。

やっぱり株式投資だ、と思っても、知識がない。冒険する勇気はさらにない。証券会社に行くもののあまり歓迎されない。かつての証券ブームのとき、シロウトの女性客からいろいろ面倒なことを起こされて、コリゴリしているのである。

百円の株を買う、代金を払うときには九十五円に値下がりしているとする。お客は、そんな株、買った覚えはない、などと言い出してトラブルになる、ということが少なくなかったらしい。シロウトの女性には、手を出すな、という教訓を残したのである。

新聞で、株式ページを見るようになると、だんだん、知識が増える。しかし、すぐ株を買うということにはならない。やはり損が怖い。

証券会社も、シロウトに対して愛想がよくない。だいいち、何を買ってよいかわからないが、教えてくれるところはない。投資信託などを勧められることになる。

やっぱり、株を買ってみたい、という気持ちがあるが、損するのは怖い。相談するところもない。となると、できることは、限られてくる。

その方法を考える人もないらしいが、新聞大学で勉強していて、思いつくことがある。

損をしない、儲《もう》けもしない投資ゲームをするのである。株価は毎日、変動するから、実際にカネを出して、儲けもしない、損もしないということは不可能である。

シミュレーション投資をするのである。株を買ったつもりになる。ある期間したら、損か得かをチェックする。損でも赤字の損失ではない。数字の上のマイナスである。大儲けになっていても、一円の利益もない。数字の上のことだけである。

実際には、こんな風にするのである。

銘柄を選ぶ

自分のよく知っている企業の二、三を拾い上げる。はじめは慣れないと、その会社の株式の値が株式欄のどこに出ているかもわからないことが多い。

かつての主婦は、まず、生活に縁の深い食品株か、ガス、電気の株を買ったようである。いまの人は、もう少し経済知識があるから、有望銘柄を広く物色することができるわけだが、実際に、一つ二つに絞るとなるとなかなかたいへんである。しかし、模擬投資であるから気が楽である。軽い気持ちで、株を買うことができる。

銘柄《めいがら》を選ぶときにも、新聞のほかのページで得た知識がものを言うわけで、選択そのものが、力だめしになる。福祉が大きな社会問題になっているから、薬品、医療関連に注目するというのも、常識的ではあるが、おもしろいだろう。

ドローンという無人小型機が注目されているが、メーカーがはっきりしない。それを手がけた企業を探して、投資する。ただ、どういう会社があるのかわからないから、日ごろ新聞の記事で注意している必要がある。

いろいろ考えて、できれば調べて、二つくらいの会社を選ぶ。

ぼんやり放っておいてはいけない。株式欄で、値を確かめる。

A製薬を、四七五〇円で一〇〇〇株

B建設会社を、二九一〇円で一〇〇〇株

買ったとする。

方眼紙の大きなのを買ってきて、左端に、銘柄と買値を記入する。

そうして、三カ月待つ。そして、そのときの株価を記入。値上がりしていれば右肩上がり、損していれば右肩下がりの線になる。

これを三カ月ごとに記入していく。その間待っていることになるが、新たに、銘柄を入れていけば、多くの銘柄を買うことができる。もちろん、シミュレーションだから、カネはかからない。儲けもない代わりに、損もしない。ゲームとしてはなかなかおもしろい。

上昇が下降よりはっきり多くなったら、腕が上がってきた証拠である。そろそろ実際に株を買ってもよいだろう。

もちろん、実際には売買しないで、ゲームを楽しむだけということも可能である。判断力を高めるのに役立つ。社会の動きに敏感になり、ものの考え方が実際的になる。

頭の体操としては、おそらく、もっともすぐれているように思われる。トリックを見破るのが、頭の体操になると考える人が多いが、動いているものをとらえるのは、高度の思考、判断を必要とする。責任ある選択の能力を高めるのにも、模擬投資はきわめてすぐれている。

株式欄は数字の砂漠ではない

新聞は毎日、株価を報じている。ラジオ、テレビは、銘柄が多くなって、株価報道をやめてしまった。全銘柄の株価を一覧できるのは新聞しかない。新聞もそれを心得ていて、休刊日は、月曜の朝刊としている。

多くの読者が、株式欄を数字の砂漠のように思っているのはもったいない。

人間にとって、おもしろいのは、動くものである。ニュースは一回きりだから、動きを感じさせない。株価は、毎日、動いているから、ニュースとしても、犯罪などと違って、知的興味を与えることができる。

日本の知識人は、どういうものか、株式投資を、ギャンブルの一種のように見る傾向がある。心ある人は、株などに手を出さないというのが常識であるが、そのため、日本の経済はずいぶん損をしているはずである（ドイツも日本と同じく第二次世界大戦の敗戦国であるが、戦後、早い段階で、直接投資の重要性に着目、若い世代の株式投資を奨励して効果をあげた）。

後れた日本は、まず、模擬投資によって、選択能力を高めることが望まれる。新聞大学はその場を提供しているのだと考えてよい。

6

15

個人消息

1

個人情報のおもしろさ

個人的な話になって恐縮だが、私は若いとき、ひとりで、英語英文学専門の月刊誌『英語青年』を編集した。新米の編集を見限ったのか、毎月のように、返品が増える。やがて、五割近くが売れずに戻ってくるようになりひどくつらい思いをした。

もちろん、手をこまねいていたわけではない。ない知恵をしぼって新しい企画を立てたりするが、どれもうまくいかない。

あるとき、読者は、ゴシップを求めているのだと考えた。いやしくも専門雑誌である。ゴシップなど問題にならないが、巻末に、「片々録《へんぺん》」という雑報のページがあった。

これを拡大すれば、ゴシップでないゴシップを提供できるのではないかと思いついた。四ページだった片々録を増ページすることにし、それまで、お座なりであった個人消息に力を入れることにした。

ワンマン雑誌だから、取材能力はもとよりゼロ。知り合いを中心に、顔の広そうな人に当てて、「何か変ったことはありませんか。ありましたらご教示いただきたく存じます。なるべく誌面で紹介したいと思います」という往復はがきを何枚も出した。

協力してくれる人が多く、それまで、数行しかなかった個人消息の欄がだんだんふくれ上がって、一年もしないうちに数十行の情報が載るようになった。中には「○○○氏は、どこどこの寺に墓地を買い墓を作った」などというのもあって、読者から、おかしいと叱られたこともある。

しかし、この欄だけのせいではなかろうが、雑誌の売れ行きがよくなったのは驚きであった。個人情報というものが、おもしろいことを教えられた。

訃報記事

このごろ、個人情報保護ということがやかましく言われるようになったが、個人消息のようなニュースは、いっそうおもしろくなっているとも言える。

マスコミが個人消息に冷淡であるのは、そのおもしろさを認めないからではない。ほしくてもニュースとして取材できないからである。個人消息の取材能力をもつのは、特殊集団であって、マスコミではない。

個人消息でもっとも大きいのは、死亡記事である。ラジオ、テレビは、昔から、よほどでないと訃報《ふほう》は出さない。

新聞も、負けずに、個人消息をボイコットするようになった。時々、思い出したように社会面の最下段に黒い棒線つきで訃報が載る。取材したものではなく通知されたものであるらしく、バランスに欠けている。然るべき人の訃報を出さなかった新聞がさほどでない人物の死を伝える。でたらめだと思う読者が増えても仕方がないだろう。

タレントが亡くなると、大きく記事になる。資料もあり、情報を得る人脈もわかっているから、締切りまでにかなりの大きなスペースを埋める。

そういう記事の尻のほうに、黒線づきで、元国務大臣だった人の訃報が、小さく、そっけなく報じられている。そういう紙面に慣れていると、価値観が揺らぐかもしれない。有名であるのはたいへんなことであるというセンセイショナリズムが広がる。

訃報は重い報道であるが、取材が困難である。速報はあきらめなくてはならないのかもしれない。

現に、夕刊に追悼《ついとう》録を載せている新聞もあるが、あまり力を入れていないことが一般読者にも伝わる。生前つき合いのあった社内の記者が書いている訃報が多いが、ベストの執筆者を探す努力がほしい。やはり、時間の制約をまぬがれないのだろう。

人物判断力

『文藝春秋』の巻末、「蓋棺《がいかん》録」は現在のところ最上の訃報ページである。匿名だが文章もしっかりしている。エッセイになっていると感じることもある。日刊紙には、真似ができないかもしれないが、何とか新聞らしい訃報を、なるべく多く載せるようにしてほしい、と中高年読者は思っている。

ジャーナリズムというけれども個人消息、ことに訃報は速報を求められているわけではない。先月亡くなった人の死を伝えるのは決して恥ずかしいことではない。それくらいのことはわかっている読者がいまは存在するはずである。

新聞大学で学ぶものとしては、とりあえず訃報に注目、敬意を払うことを学ぶようにする。そして人間の価値を定めるのは、なにかということを考えるようにする。人物判断力である。

人間の価値を見定める目のない人が、選挙権をもつと、どうなるか、と考える想像力を養うためにも、個人の生き方についての報道はこれまで以上に重要である。

7

16

保健衛生

1

清潔願望の人たち

戦前の教育を受けたものは、保健について健康に関して、まったくと言ってよいほど無知であった。病気にかかることは知っているが、どうしてかかるのかなど知るものはほとんどない。

それだけが原因ではないが、若いうちにどんどん死んで、人生四十年とか、五十年と言っていたのである。

戦争に負けて、少し命が惜しくなったのか、健康、保健、医療に対する関心が高まり、寿命も延び始めた。

健康保険の制度が、外国の真似で始まり、医学がもっともすぐれた人材を集めるようになったが、一般の健康への関心は、あまり高まらなかった。

そんな中で、清潔さが重視されるようになり、不潔だから、病気になるという考えに惑わされる一般人、ことに高学歴の人たちは、清潔にしていれば病気にかからないと思い込む人たちを増やした。

外出から帰ると、紙幣を洗ってきれいにし、アイロンをかけるのが、美談のように広まったこともある。

清潔願望の人たちを驚かせたのは、アレルギー性疾患の蔓延《まんえん》であり、アトピー性皮膚炎が多くなり、喘息《ぜんそく》が激増したことである。

大人は大人で、成人病、つまり生活習慣病に苦しむようになり、その親玉のがんが猛威を振るうようになった。

がんにはならなくても糖尿病に苦しむ人が増えて国民病のようになった。

生活習慣病を予防するには適当な運動をすることだ、毎日、一万歩くらい歩けば、生活習慣病の予防になると、医者が教えた。

まじめで正直な一般の人たちは、新しい生き甲斐を教わったように思い、万歩計をつけて、歩き出した。

しかし、散歩だけでは、生活習慣病をなくすることができない、ということを教えてくれる人がない。

健康保険の仕事をしている人たちも、保健の方法の研究をしなくてはいけないのである。

目からウロコの保健知識

それはそうとして、これまで国民がもつようになった保健知識の大部分は新聞であった。その活動は大したものであるが、組織的でない恨みがあった。

新聞大学は、健康、保健について、独自の大きな貢献ができるのに、充分それに対処していない嫌いがある。実際を知らずにこう言うのは、暴言であるが、いま、全国紙と言われる大新聞で、大学の医学部出身者をたくさんもっているところはないのではないか。医療、保健関係の記事は、すべて、外注である。選ばれた執筆者は、研究者である。臨床の人は、忙しくて、原稿など書いていられないのだろう。

専門家の書く医学記事は、難解で、わかりにくいことが多い。読者はバカにされているのを感ずるから、そういう記事に近づこうとしない。せっかくのインフォーメーションが泣いている。

新聞大学に学ぶものは、新しい目で、健康、医療関係の記事に注目することができる。少しくらい、わかりにくくても、へこたれてはいけない。一度でわからなかったらもう一度読んでみる。昔から、〝読書百遍《ひゃっぺん》、意おのずから通ず〟と言う。いくら、わかりにくい記事でも、二度読めばわかる。記者の手でわかりやすくされていることもあるから、なおさらである。

読み上手になれば思いがけない発見がある。

ある人は、長年痛風に苦しんでいた。ある日の新聞で、〝尿酸〟という文字が飛び込んできた。もう二十年も、尿酸値を下げる薬を処方され、毎日、服用しているから、尿酸という文字に吸い寄せられるように、その記事を読んだ。

そして、驚くべきことを教わった。

尿酸は、有害な活性酸素をおさえる働きをしていて、必要である。不用意に抗尿酸薬を多量に服用すると害がある、と書いてある。

その人は、かねて、この尿酸を下げる薬に副作用があるのではないかと、疑っていたから、この記事は、たいへん、刺激的であった。

その記事は、さらに驚くべきことを伝えていた。尿酸値を下げる薬を減らさなくとも、水分を多く摂《と》れば、尿酸の濃度は下がると教えた。これも目からウロコのインフォーメーションで、この人は、さっそく飲む水の量を増やし、クスリを減らすことを始めた。経過は良好である、という。

病院でお医者が教えてくれたのではない。新聞で学んだことである。

いっぱしの健康通

これは別の人のこと。

日本の女性、中年女性を中心に、腰痛に悩む人が近年、激増しているということに深い関心を持っていた。

新聞によると、女性中心に二千八百万人が腰痛をかかえている。ところが、有効な治療が確立していない、ということを知って、やはり心を暗くしていたのである。

この人は、ある日、ある新聞で、腰痛の原因はストレスである、という記事を見つけて快哉の叫びをあげた。

仕事で机に向かって何時間も腰かけているとストレスが溜まる。それをうまく発散させないと、いろいろな不調が起こる。そのひとつが、腰痛である。こまめに体を動かすことがなによりの予防になる（そう言えば、長時間、座りっぱなしの航空機の乗客がエコノミー症候群にやられるのも無関係ではないだろう、と勝手に想像する）。

すると、別の日の新聞に、小さなコラム記事があるのを見つけた。

〝運動習慣〟という見出しがついているものの、中味は、一時間静座《せいざ》の仕事をしたら、二分間、立ち上がって、どこでもいい、歩きまわれ、と教えている。そうすれば、生活習慣病をかなり抑えることができる、と耳よりな話を書いているのである。

注意していれば、こういう健康、保健のインフォーメーションは、毎日の新聞の中に散見できる。これを、スクラップしておけば、いっぱしの識者になることも夢ではない。

3

17

広告

1

広告か記事か？

戦前の新聞読者はほとんど広告を意識しなかったようである。もちろん、広告はあったが、商品販売のためのものであることをはっきり感じるのは、一般的ではなかった。それどころか、広告を頼りにする読者が少なくなかった。書籍の広告である。

地方に住んでいると、どういう本が出たかを知ることが容易ではない。町に一つあるかないかという書店へ行って本を選ぶということは容易ではない。新聞が頼りである。新聞の第一ページ、いちばん下に、八社の新刊広告を載せた。見ようとしなくても目に入る。そして、これはと思う本を選ぶ。

出版社にとっても、新聞はたいへん大きな宣伝活動である。よくはわからないが、広告料はたいへん高かったと伝えられている。資力の乏しい出版社は出したくても、新聞に広告を出すことはかなわなかった。

戦後、経済が、高度成長を遂げるようになるにつれて、書籍だけでなく、一般商品の広告が激増した。その中にあっても、新聞第一面の書籍広告はその地位を一般商品に譲るようなことはなかった。

広告が増えるにつれて、新聞のページが増えた。何でも、広告量、行数は、記事を上回ってはいけないことになっているという。つまり、広告量は、紙面の五十パーセントを超えることはできないことになっているらしい。したがって、広告が増えれば、少なくとも同じ量は記事を増やさなくてはならなくなる。広告が増えればその倍の紙面が必要になる。

新聞がどんどん部厚くなったのは、広告が増えたためである。戦中、戦後、資源不足ということもあって、タブロイド版四ページという新聞があった。もちろん、広告の余地などほとんどない。読者は隅から隅まで読み切ることができた。

広告ページという全面広告の紙面があらわれるようになる。大きな活字が躍って目を驚かす。カラーの紙面があらわれるようになるが、広告は新聞の主のようになる。古い読者は目をそむけるが、若い読者は結構、楽しんでいるのかもしれない。

読者が広告離れを始める。強い、大きな広告も慣れればなんということもなくなる。

それとは別にテレビがある。民放テレビは、広告収入によって経営されているのだから、当初から、広告は主である。番組はそれを引き立たせるためにある。そういうことを一般視聴者が知って、コマーシャル効果は低下するようになる。視聴者にとってコマーシャルは邪魔ものである。なくなればいいが、そうはいかないから、いっそう目障《めざわ》りだ、と思う人が増えて、テレビは苦しい状況に追い込まれようとしている。

こういう広告、PR離れの傾向は、もちろん、新聞も同じであるが音声より文字のほうが、信頼性が高い、という日本文化の特質にもとづいているらしくもある。アメリカなどをもとにして考えると、誤る。

ひところ電波に押しまくられていた新聞だが、テレビに食傷した受け手は、文字を求めて、新聞に向かうことは充分に可能性がある。

新聞が考え出した広告の最新のスタイルは記事と見まごう広告である。多く、全面広告である。

走り読みしている読者は、普通の記事として読み出す。しばらくして、広告記事とわかって、多くは、いやな気持ちになる。ダマされたとハラを立てる人もある。いまのようなスタイルが続けば、読者離れを招くおそれは充分にある。送り手側としては、一考どころか、熟考を要する問題である。

どこかおかしいと感じる力

新聞大学で勉強する人は、この記事広告を自分の理解力向上につなげる必要がある。

前に述べたように、新聞大学では、まず、見出し読者になる。見出しは、記事の最重要部で、簡潔でなくてはならないだけに、わかりにくいところがある。それを読み解くことができるかが、勉強の第一歩であることはすでに述べたとおりである。

記事広告は、その見出し読みの力をテストするようなものである。

具体的に見てみる——

ある新聞に、

「今後の住宅生活のあり方」

という文字が躍っている。少し、文章の調子がおかしい。そう思って、欄外を見ると〈全面広告〉と小さく断ってある。どこかおかしいと感じたとすれば、そのスタイルのセンスはなかなかのものである。

「健康、美容が気になる人に」という記事がある。この調子も客観性に影が差していると感じたら、これまた、センスがいい。ページの片隅に、〈広告〉とかなり大きく明示してあって、正直である。読者としては、なるほど、そうだろう、と一種の満足を覚えることができる。

広告の文章と、普通の記事の文章の違いを区別する能力はバカにならない。学校の国語の教育は、小学校から高校まで、十二年かかっても、こういうスタイルの区別のできる能力を教えることができないのである。

広告文の効用

少し、話は違うが、国を挙げて、振り込みサギの警戒をしているのに、いつまでたってもなくならない。それどころか、被害の額が大きくなっている。おもしろいことに、関東、首都圏のほうが、京阪神に比べて、はるかに被害が大きいという。

やはり、言語感覚の差によるものだと思われる。いくら電話にしても、サギをすることばは普通のことばと違うはずである。それを聞き分けることができれば、ダマされなくてすむ。その区別がつかないと、いくら用心してもやられる。一度ならず、二度、三度と被害に遭うのは、そのせいである。首都圏の人のことばの感覚は、関西のそれより劣《おと》っていると言われても、仕方がないであろう。

新聞大学で、普通の文章と広告の文章との違いを体得すれば、オレオレサギにかかることも少なくなると考えられる。

広告文もことばの勉強に役に立つ。新聞大学は、学校の教育のできないことをすることが可能である。ただ、独学自習であるために、継続できにくいところが、泣きどころである。継続は力なり、として、勉強を続ければ、中高年においても、自己改新もあながち夢ではない。

9

18

休み

1

困った休日

いまの世の中、休んでばかりいるようである。わけのわからない休みでも、休みに反対という声は上がらない。どんどん休みが増えるわけである。

戦争が終わったころ、休日は、一月一日、二月十一日、三月二十三日、五月五日、九月二十三日、十一月三日、十一月二十三日くらいであった。

その後、少しずつ休日が増えた。海の日とか山の日という休みができた。なぜ休むのかわからないが、反対するものもなくみんな喜んで休んだ。

昔は考えられなかった大型連休をこしらえ、ゴールデンウイークだといって浮かれた。それでも足りないというわけか、企業が週休二日制を採用し、土、日続けて休めるようになった。戸惑って体調をくずした人もいたらしいが、問題になることはなかった。

日本人は働きすぎるという先進国からの圧力に屈して、小中学校の教員を休ませるために、学校五日制にしたのはたいへんな誤りであったが、官民、異を唱えるもの、はなはだ少なく、学校は荒廃した。

もともと学校は、毎週の日曜のほかに、春、夏、冬の長期休暇がある。そこへ毎週一日休みを増やせば、ほぼ、二日に一日ちかく休んでいる勘定になる。

学力が低下しなかったらそのほうがおかしいのである。それだけではない。不登校児童、生徒が急増したのである。

もちろん、それに対して有効な方法があるわけがない。みんな、手をこまねいて、眺めているだけである。

憂鬱な月曜日

昔から、月曜日はいやな日である。学校へ行きたくない。しかし、火、水、木、金と学校へ行っていると、それなりの調子、リズムができ、それほど、いやでなくなるようである。

調子の出たところで、週末、二日もぶっつづけて休めば調子の狂わないほうがおかしい。

月曜の朝になると、頭が痛かったり、腹が痛かったりする。仮病ではない。本当に不調になる。病気では学校へ行かれない。休みましょう、となる。それが、きっかけで、学校に行かれなくなる。

サラリーマンだって、同じこと。月曜は昔から気分が重い。マンデーイッシ・ムードとかブルー・マンデーということばが英語にあるくらいである。子どもは大人より正直だから、そのあらわれがいっそうはっきりしている。

休みはいいもの、というのは、怠けもののこしらえた考えである。休みは必要だが、必要以上に休んだら、害があることを考えないのは想像力の欠如である。

人間がいくら休みに浮かれていても、ライフ・ラインと呼ばれるものは休むことはできない。

人間が休んでいるから、といって、電気やガス、水道などが休んだらどうなるか。そんなこと考えることもできない。休めるのは、本当に大事なことではないのである。

われわれお互いは、体内にライフ・ラインをかかえている。心臓、肺臓、大小の腸はライフ・ラインだから、一生の間、一刻の休みもなく働いている。心臓が大型連休などとったら、命はない。

休みの少なかった昔でも、休みをとったところはある。それは、日曜を休まずに、ほかの日に休む。理髪店の休みは月曜日であった。日曜は、休みの客で忙しいから、翌日に骨休みというわけである。デパートも多く、月曜を定休日にした。おもしろいのはスーパーやコンビニという年中無休の店が多くなって定休日をなくしてしまったことである（このごろ、休みはしないが、営業時間の短縮ということを考える百貨店があるが、定休日をつくるところまではいかないのか）。

休刊日には〝旧聞〟をひっぱりだす

新聞はずっと、休みなく刊行されていたようである。ライフ・ライン並みである。それだけ、大きな使命を負っていたことになるのであろう。

ラジオがあらわれても、新聞はびくともしなかったが、テレビがあらわれると、新聞は影響を受けた。一億総白痴化などと言われたテレビだが、テレビの力は大きかった。もちろん、テレビに休みはないが、新聞は休刊ということを考え出し、ついに休刊日を各社、申し合わせて、つくり、月曜日を休んだ。

月曜日には株式相場のページがいらないから、休んでも差し支えあるまい、というのかもしれないが、ほかのニュースはその月曜日にだってあるのだから、休刊日をつくったのは、知的ライフ・ラインからの離脱になったのである。幸いにそんなことを言う野暮もなかったようで、天下泰平である。

テキスト、教科書として新聞を考える新聞大学にとって、休刊日はありがたくない。それをきっかけに、新聞離れを起こすことはないにしても、日ごとに新しいテキストが届くのが、もっとも大きな特色である新聞大学にとって、月に一度（三月と八月は休刊日なし）とは言え、休刊日のあることは、おもしろくない。

いまさら、そんなことを言ってみても仕方がない。

新聞の来ない日は、前に読み残した新聞、つまり〝旧〟聞をひっぱり出してながめることができる。その当日は歯の立たなかった記事が、何日かたってから読むとスルリとわかるということもある。読者がその間に〝進歩〟していたのである。随筆家内田百閒《うちだひゃっけん》は、読み残しの新聞をあとで読んで、よくわかるのをおもしろがっていた、らしい。

新聞大学でも、読み残したものを、あとになって、読むと、その日に読むより、よくわかるということは充分ありうることである。

しかし、新聞大学は、毎日、その日のうちに読んでしまうのが建前である。それができない、あるいは、続けられない、というのは、つまり、意志が弱いからで、そういう意志では、何をしても、うまく行かないと覚悟したほうがいい。

日々続けるというのは、たいへん、なことのように思われるが、習慣になれば、やめることが難しくなる。休むと気持ちが落ち着かない。

何十年も日記をつけてきた人は、何かの都合で空白のページができると、気持ちが悪い。書くことがなくても、忘れてしまっていても、何とかしてページを埋めようとする。

それに似たことが、新聞読みにも起こる。

誠実に新聞を読む習慣がつけば、休むなどということは考えられない。読まずにはいられなくなるのが人情である。とにかく、休むのがいけない。継続は力なり、というわけである。

19

ノロノロ

ノロマ人間の増加

少し以前のことだが、外房線《そとぼう》の特急で館山《たてやま》へ向かっていた。季節のせいか、ガラガラで一団の学生が賑やかにやっていたくらいであった。

ある停車駅にとまって、しばらくすると、その学生グループのひとりが、

「オイ！　着いたぞ」

と叫んだ。ほかのものは、網棚から荷物を下ろすのに大童《おおわらわ》。合宿にでも行くのだろう、大きな荷物である。発車のベルが鳴っているのに、ひとりが、トイレへ入っている仲間に、

「おい、着いたぞ、早くせんと……」と怒鳴っている。トイレ君は降りそこねたらしい。

遠くから見ていても、おもしろかった。気の毒だとは思わなかった。どうして、みんながみんな、着いたのも知らずにしゃべっていたのか、気が知れない。

あとで何かの練習をするのであろうが、あんな反応不良では、試合などできないだろう、と思った。

いつか、ＪＲの電車の中で、小さな子が父親に、何度も、「降りられる?」と聞いていたのを思い出した。満員電車で、身動きもできないほどだった。その子は、降りられなかったら、どうしようと心配だったのだ。

父親が、「だいじょうぶ」と応えるのだが子どもは安心しない。しばらくするとまた「降りられる?」という。いかにもかわいかった。

それを思い出して、改めて、房総の学生たちのノンキさがおかしかった。あの、心配性の少年も大学生になると下車間際にトイレへ入るようになるのだろうか。そんなことはないと、いったんは否定したものの、ひょっとすると、ああにならないとも限らないと思ったりした。

学校教育は生活感覚を弱めるらしい。生活を停止して、毎日、軟禁状態で授業を受けていれば、正常の感覚がイカれてしまってもおかしくない。

そのリハビリのために、学校スポーツがあるのかもしれない。

どうやら、教育はノロマを育てるらしい。俊敏でないのが多いのである。

高等教育が普及して、ノロマ人間が増えたのではないかと思われる。

紙背に徹する炯眼《けいがん》

通勤電車は、その時間、たいへんな混雑である。さきの小心な少年でなくても、慣れないと、降りられるだろうか、と心配になる。

ところが、そんなことにまるで頓着《とんちゃく》しない人間が、いつのまにか、たいへん増えている。真ん中あたりに腰かけている人がいる。さきの駅まで行くのだろうと思っていると、停車して、発車ベルが鳴り出すと、スックと立ち上がり、人をかきわけて、降り口へ行く。乗ってくる人とぶつかる。ケンカにならないのは、平和な国だからであろう。恨めしげに後ろ姿を見送る人はいる。

ご当人は、少しも騒がず、ゆうゆうとホームへ消える。車内で立ちん棒している乗客からすると、うれしくない光景である。

こういうハラのすわった乗客が増えると停車時間は延びる。それを取り戻そうとしてムリをして、大きな事故になったらしい事件を新聞は報じるけれども、ノロノロ乗客のことは触れない。知らないのだろう。

どうして、学校教育を長く受けていると、ノロマが増えるのか。たいへん興味深い問題であるが、社会の木鐸を自認する新聞にとっては、問題にならないらしい。

心ある新聞読者、新聞大学に学ぶと決めた人が、紙背《しはい》に徹する炯眼《けいがん》で、そういう問題を考えることになるとよい。

時代の先端に立つ

ノロノロ人間は大学出とは限らない。高校卒でも充分にノロノロになるらしい。だいたい仕事がノロい。決して怠けているわけではない。手早くできないのである。

東京のある企業が、海外へ一部生産を移した。東京工場とまったく同じ規模で、まったく同じ生産量にした。実際に操業を始めると、海外工場の人員が余ったということになって本社を驚かせたという。海外労働者のほうが生産性が高いのである。教育程度はもちろん日本のほうが上だが、それがむしろ仇《あだ》になっている。本人たちがいけないのではなく、知識中心に勉強する経験がブレーキになっているのだろう。

もちろんノロノロは工場だけではない。デスクワークも負けてはいない。入念、ていねいな仕事で時間を食われる、というのではない。グズグズしていて決断が遅くなるから、なんとかの長考、休むに似たり、のようなことになる。それで、かつてなら、ひとりでこなしていた仕事が、何人ものグループで担当することになり、コスト高を招く。国際競争力の問題にならない分野が多いデスクワークでは、知的生産性という考えすら存在しないかのようである。教育の普及は思わぬ害をもたらしているが、それをはっきり指摘されることもない。

安心していると、思いがけない強敵があらわれた。人工知能。

とにかくスピードが違う。人間の何倍もの仕事を、目も留まらぬスピードでこなす。不眠不休で働く。労働争議など起こさない。

人間が足りないならコンピューターを入れたらいい。人工知能はどんどん進化している。いまは棋士を負かす程度だが、いずれ、本当に考える力を持った機械があらわれるようになるかもしれない。ノロノロ人間は、はじめから、やられっぱなしになる。存在価値がなくなるかもしれない。

新聞大学は、そういう社会がもうすぐやって来ることを教えてくれなくてはならない。

新聞大学に学ぶものは、時代の尖端《せんたん》に立つことができる。

1 | 20 | 1

ウサギとカメ

日本の文化の弱点

二〇一五年の六月、文部科学省が前代未聞のことをした。各国立大学長あてに、大学の文系学部、学科を再編、廃止する、ついては、その具体策を答申せよ、という、指示を出したのである。

どうしたことか、このニュースに対する反応がなかった。大学は下手をすれば予算を削られる心配があると思うからか、黙って知らん顔をする。日ごろ、お役所のすることにいちいち文句をつけるマスコミも、どうしたことか、知らん顔をしている。はっきりした意見を述べたものはなかった。

一般国民にとっては、ピンと来ない問題である。学校教育は受けているが、その教育がどういう性格のものであるか、教えられたこともなければ、考えたこともない。

文系教育、研究の縮小が必要である理由として、文部科学省は、国際競争力の不足をあげた。学界、教育界からの考えではなく、国際競争に苦労している実業界の危機感が原動力であるらしいが、そのことを、もちろん文部科学省が明かすわけがない。

頼みは新聞であるのに、なぜか、その新聞がまったく声をあげない。大した問題ではないのだと考えた読者が多かったのは当然である。日本の文化の弱さを露呈する情けない事件であった、と言ってよい。少なくとも、新聞大学で学び直そうとしているものは、ボンヤリしていてはいけない。自分の頭で考えなくてはならない。

競争を語る資格

明治以来、日本は西欧の文物を取り入れることを生き甲斐のようにしていた。模倣はもともとあまり感心できないことであるが、この際そんなことを言ってはいられなかった。〝広く知識を世界に求め〟を国是とすることを恥じなかったのである。

モノマネするには、余計なことを考えたりしてはいけない。本に書いてあることを鵜呑みにして知識を増やせば進歩しているように錯覚した。幼い学習者がそう考えたのではなく、指導的な人たちが、知識は力なりという考えに支配された。論文を書いても、独創性がない。盗用、剽窃《ひょうせつ》まがいのことが横行していても、お互いさま、その悪を口にするものもなかったのである。

日本語は国際的に孤立していて、外国人は容易なことでは近づくことができない。盗作論文を見破ることのできる日本語力をもった外国人がいなかったために助かっていたのである。論文の不正には目が届かなくても、一冊の本をまるまる無断で出版、販売するのは、さすがに外国にも見つけられて、日本は〝海賊出版国〟というありがたくない名前をつけられてしまった。

それを大した恥とも思わなかったのは情けない話である。

そういう国が、文化において、国際競争力をうんぬんするのは笑止である。競争ということがまるでわかっていないから、そういう呑気《のんき》な誤解をする。

競争するには自己確立が先決である。人の真似をすることをありがたがるようでは、そもそも、競争を口にする資格などはない、と知るべきである。

ユニークなゴール

競争といえば、ウサギとカメのたとえ話がある。日本人の競争についての考えをよくもあらわに示している。

ウサギとカメが、向こうの丘のふもとまでかけっこする。油断したウサギが居眠りをしているうちに、カメは先着、勝った、ということになっている。おはなし、としても、お粗末である。それを信ずるのはよほどの呑気ものである。

ウサギとかけっこの競走をしようというような非現実的なカメは現実には存在しないのである。競走しなくてもわかっている。ウサギが途中でうたた寝をしてくれるだろうなどということを考えるとしたらカメはカメでなくなる。

ウサギもウサギである。いくらすることに事を欠いたからといって、カメとかけっこをするのはウサギではない。隣りに速いウサギがいっぱいいる。それに勝つのに目の色を赤くしているというのがまっとうなウサギである。

しかし、競走は有用な原理である。唯我独尊に進歩、進化のないのも事実である。賢いカメは、負けない競走を考えなくてはいけない。

ウサギの得意とする山登りで勝てるカメは存在しないことくらい、走ってみなくてもわかる。わからないのは想像力の欠如である。思考力が弱いのである。

思い違いをしたウサギが競走を挑《いど》んできたら、カメは騒がず、目標を、池の中の小島にする。

そんなレースをしようとするウサギはいない。つまり、カメは不戦勝である。戦わずして勝つは、孫子《そんし》の兵法も手が出ない。

日本というカメが、欧米先進国のウサギと張り合うには、ユニークなゴールが必要である。模倣文化では、ユニークなゴールを考えつくことが難しい。まず自分の頭で考える力をつけないと話にならない。

いまの大学に、そういう競争力を育む力があるのか。なければ、どうしたら、国際競争に後れをとらないですむのか、というのは、たいへんな問題である。

大学に自助能力がないなら、国が代わって考えてやるというのは、親切なのか。

そういうことには、まるで関心がない、というのでは、文化など口にする資格がない。新聞大学に学ぶものは、これくらいの見識は持つようになっていたい。いまなければ勉強してその力をつけたい。

2 21 2

ひとつでは多すぎる

〝ひとつ〟は危険

貴重なものはひとつであることが多い。

ひとつしかないから珍重されるということもある。

いくつもあっては、ありがた味がないのである。ひとつであるのは結構だが、もしかして万一のことが起これば、たいへんなことになる。かけがえがない。

昔から名宝を展示するには実物そっくりの模造物をこしらえ、それを見せる。実物は深く蔵して人目などに触れさせない。

ひとつは危険なのである。もしものことがあれば、取り返しがつかない。それだから、いっそう、価値がある、ということにもなるのである。

そう言えば、人間の体でも、大事なところは、みな、ひとつではなく、二つある。目も二つ、耳も二つ、手も足も両方ある。体内でも、腎臓とか肺などは左右二つある。万一のことがあっても、片方は残る、というわけでもあるまいが……。

〝ひとつでは多すぎる〟One is too many. という英語のことばがある。ひとつだけではいけない、の意である。ひとつだけだと、もし、それが失われたら、あとに残るものがない。かけがえがない。二つ以上あるのが望ましいということを言ったものである。

併読紙のススメ

新聞大学は普通、一紙である。いま取っている新聞をテキストにして始まる。欲張って、新しくほかの新聞を購読するということは考えにくい。

途中で、ほかの新聞に乗り替えるというのも賢明でない。なじみのあるものを、しっかり腰を据えて、読む。続けていれば、だんだん、様子がわかってくる。親しみも出てくる。〝自分の新聞〟という気がしてくるだろう。

しかし、長く続けていると、新聞が近くなりすぎる、客観しにくくなる。どの新聞も個性を持っているが、永く親しんでいると、その個性がはっきりしなくなりがち。メガネをかけているようなもので、永くかけていると、かけていることが意識されなくなる。そうなると、見る目にくもりが生じていることは否定できない。

つまり、メガネをかけているのに、かけている気がしなくなるのである。人間のすぐれた能力であると同時に、困ったところでもある。一般にそのままで通すことが多いけれども違った見え方があるのではないかと反省するのは、知的である。

そういうときは、別の新聞を取るのである。それまでの新聞をやめて、新しいのを取る、というのではない。もうひとつ余計に新聞を取り始めるのである。ひとつでは多すぎるの原理に沿っていると言うことができる。

戦前、地方では、新聞を読むのはいわばエリートであった。一般に、新聞を見ることもなく一生を終えた人がどれくらいいたかわからない。それだけ、生活にゆとりがなかったと言えるかもしれないし、知的欲求が小さかった、ということもあろう。

新聞はひとつ取っていれば充分である。そう思っていた人が多かったとき、もうひとつ別の新聞を取る人たちが、戦前、大正時代から存在したのは注目されなくてはならない。併読紙である。

どの地方でも、同じ比率で併読紙の読者がいたのではない。大部分のところでは、新聞を取らない家庭が大部分であった時代でも、たとえば、京阪神、関西では、併読紙をもつ読者がかなりいたらしいのは注目される。そういう背景にして、日本のジャーナリズムはまず関西から展開した。

新聞大学大学院

東京は首都であると威張っても、文化度では、関西に及ばないかもしれない。ことに周辺の農村部では新聞読者は少なく、併読紙など考えることもできなかった。

文化における西高東低の傾向は、いまなお完全に消えてはいないようである。政治と文化の相性はあまりよくないのだろうか。少なくとも、歴史がないと、文化と相性は生じないことを暗示している。

全国規模で小学生の作文コンクールなどが行われると、低学年ほど、関西の子どものほうが、関東の小学生より、すぐれていることが多い。文化度に差があるのであるのか。

新聞大学は、新しい考えにもとづいていているから、西高東低にしばられることはない。併読紙を持つことについて、東京の人間が、関西の人たちに後れをとるということはないかもしれない。

とにかく、併読紙を持つか持たないかは大きな問題である。軽い気持ちで、もうひとつ新聞を購読するなどということは考えにくい。やはり、ものの考え方にかかわってくる。

ひとつの新聞しか見ていなければ、その新聞の考え方、見方、価値観に、しばられるという自覚もなくしばられている。

併読紙があれば、いやでも、新聞の持っている個性、傾向などが目に入るはずで、それによって、読者は新しい知的個性を育むことができるはずである。

併読紙を持つことで、新聞大学に学ぶものは、大学院へ進むことになる。

毎日、三十ページを超す新聞を二つも購読するのはたいへんなことであるが、一紙だけでは得られないものがあることを発見できるのが、新聞大学の大学院である。

ひとつでは多すぎる、というプリンシプルにしたがえば、併読の読者は、真の新聞読者であるということができる。

国際競争力のある知性を育むことも可能であるように思われる。

3

22

新聞大学

2

日本独自の日替わりテキスト

いくら自学自習でも、テキストがなくては話にならないが、中高年の学校にはまだない。適当な教材などあるわけがない。あったらおかしい、ようなものである。

あれこれ考えるともなく考えていて、思い出したことがある。ずいぶん前のことになるが、新聞の囲み記事に見なれない文字が並んでいた。〝朝刊症候群〟。読んでみると、頭の老化、ボケのはじまりは、ずっと読む習慣になっている朝の新聞を忘れたり、怠《おこた》るようになる。それが、朝刊症候群である、と言うのである。その後、あまり聞かなくなったところを見ると、思いつきの仮説だったかもしれない。

この際、そんなことはどうでもよい。

朝の新聞がわれわれの頭によい刺激を与えるというところがポイントである。

この考えを一歩すすめれば、新聞は頭を磨くのに適したテキストになるということだ。

新聞を教科書にして、勉強をする、新しい知識を得ることは老化も防ぎ、素晴らしい着想である。

新聞なら買いに行かなくても毎日、配達してくれる、日替わりテキストというわけで、こんな真似ができるのは日本だけかもしれない。日本の新聞は昔から戸別配達である。朝刊だけでなく夕刊も、配達してくれる。たいへんなコストがかかる。かつては苦学生のアルバイトであったが、学生が豊かになって新聞配達などしなくなると、一人前の人間の仕事になった。

それはいいが、配達にカネがかかるのは新聞社にとって辛いところである。さればとて、配達をやめれば、発行部数が大きく減少するのははっきりしているから、いくら苦しくとも維持していかなくてはならない。世界に誇るシステムである。

これを利用すればいい。居ながらにして、毎日、新しいテキストが届く。

新聞大学である。

多くの家で新聞は取っている。それを利用するのだから、新しく費用がかかるわけではない。新聞大学、学費はゼロ。毎日、読み切れない教材を配達してくれる。そんなうまい話って、そうそうあるものではない。よその国でまねようとしても不可能であろう。日本のオリジナリティである。

各新聞社とも、選りすぐりの英俊記者が記事をつくり、高速輪転機で大量に印刷されるシステムが確立している。

普通の学校の教科書は、科ごとに教科書があって、生徒はカバンをふくらませて登校しなくてはならないが、新聞大学では、早朝、届けられる新聞をながめて、お茶をすることもできるのだから、おもしろい。

このごろはページ数が増え始末がわるい、と不平を言う読者もあるようだが、新聞大学の学生とすれば、すべての科目を総合的に扱っているテキストである。よくぞあれほどにまとめたもの、と感心してもよいのである。

八宗兼学

新聞ならいままでだって読んでいる。新聞大学などおかしい、と言う人もあるかもしれないが、いま、新聞をうまく読み、その恩恵を受けている人は、意外に少ないかもしれない。

　習慣的に目は通すが、そこから、新しい知識を得ようという覚悟のある読者は、それほどあるとは考えられない。

　新聞大学は、新聞によって、学習する。自分の頭を磨く、小さな専門にとらわれることなく、広く社会全般の動きを知ることができる。

　もちろん、わからないところも多いが、毎日親しんでいれば、おのずから、わかってくるものである。

　普通の大学は、専門によって小さく分かれている。法学部の学生は文学部の講義を聴こうと思えば、聴講できるが、それが勉強になるわけではない。同じ文学部でも、国文学の学生は心理学の知識をほとんどもたない。日本史の学生でも西洋史の教養をもつことは例外的である。大学という文字が泣くようなのが一般大学である。

　新聞大学は違う。政治も経済も、文化も社会もみな目が届く、八宗兼学《はっしゅうけんがく》である。総合的である点において、まさに大学の名にふさわしい。

学校教育の泣きどころ

新聞大学は最新の情報を提供する。学校教育の泣きどころは、知識が古いことである。教室で教える知識は常識的なものである。昔からのことをこと新しく伝える。大学の講義なども、年々歳々、同じノートにもとづいていることが少なくない。大学で学んだことが、社会へ出て二十年もすれば古くなる、と言われるのは当然である。

新聞大学のテキスト、新聞の伝えるところはとにかく新しい。ニュース・ヴァリューをもっている。ニュースは新しいからニュースになるのである。三年前の犯罪はニュース・ヴァリューを失って、おもしろくないが、その日に起こった軽犯罪は充分おもしろいのである。

とにかく新聞大学はおもしろいことを教えてくれる。

ありふれたことはおもしろくない。変わったこと、珍しいことを知ることはおもしろいのである。

イヌが人に噛みついた、というのは、ニュースにならない。珍しいことではないからである。人がイヌに噛みついたというのはニュースになるかもしれない。稀少価値はニュース・ヴァリューも持っていて、おもしろいのである。

普通の大学の勉強より、新聞大学の勉強がおもしろくて当然ということになる。

新聞大学は、もっとも新しい教育だと言うことができる。よその国ではしたくてもできないことが、日本では易々《やすやす》としてできる。

生涯学習はうまく行かなかったが、新聞大学なら、特別なことをしなくても、すぐにでもスタートできる。

4

23
生涯学習

2

仏つくって魂入れず

社会の進歩、変化が激しい。うっかりすると時代遅れになる。寿命が延びるとそういう人間が多くなり社会の活力を削《そ》ぐことになる。そういうことにはじめて気づいたのがフランスである。さすが、フランスである。日本人のことを、カネ儲けしか考えないエコノミック・アニマルと呼んだだけのことはある。成人教育、社会教育に力を入れだしたのである。

外国の真似をするのは、日本のお家芸。さっそく紹介する学者や文化があらわれた。ユネスコという後ろ楯があったこともあって、たいへんな意気込みだった。

明治以来、欧米の文物を取り入れるに当たっては、丸のみが常であった。ところが、生涯教育には、ちょっぴり知恵を出して、これを生涯学習としたのである。教育というのは〝お上〟の思想である。本当に教育を求めている人たちを主体に考えれば、生涯学習となる。それに着目したのは、たいしたことだ。フランスやユネスコがどう思ったか知らないが、誇ってよい改良である。

国内での関心も高かった。文部省（当時）は、生涯学習局を新設、これを筆頭局にするとして、国民を驚かせた。地方自治体も、遅れてはならじと、担当部局をこしらえて目の色を変えるところが多かった。

ところが、あとがいけなかった。組織づくりはよかったが、はっきりした理念が欠けていた。仏はつくったが、魂が入らない。またたくまに、ありがた味がなくなって、多くの人が忘れてしまうようになった。いまどき生涯学習などを口にするのは時代遅れで、高齢者の知的老化に対する有効な手段を欠いている現実を認識する人も少なくなってしまった。

講演文化の本心

それよりずっと前、民間の社会教育があった。お役所がぼんやりしているのに、企業が社会貢献として、文化活動を始めたのである。講師団をこしらえ、二人くらいの講師を方々《ほうぼう》の都市へ送り、文化講演を行なった。歓迎する市民が、おのおのの自治体当局に、市民大学をつくらせるようになる。どこでも好評である。県と市が別々に市民大学を開くところもあらわれた。

自治体が文化づいたわけではない。一般の人たちが文化を求めているのを利用しようという下心があった。首長の選挙があると、講演会を開く。そこで現職市長があいさつすると、イメージ・アップになる、と言われた。

そういう講演に集まる人が文化を大切にし知識を新しくしたわけではなかった。中には心ある人もいただろうが、多くは、流行につられて講演を聴きに行ったのである。

それを報ずる新聞なども、講演の聴き方を知らない。講演会の記事には、たいてい〝聴衆はせっせとメモを取っていた〟などという文句があった。

メモを取りながら講演を聴くのは熱心な聴き手であるという誤った観念にとらわれているわけで、すこし恥ずかしいことである。そういう常識がないからスポンサー講演会が栄えたのだというわけである。

メモを取りながら話を聴く、というのは、講演を読書の代用にしているところを感じさせる。

知能の劣化を防ぐ

ヨーロッパがバカにするけれども、日本人は文化的である。知識を大切にし、勉強が好きである。

戦争が終わって、食べるもの、着るものにコト欠いている生活の中で、せっせと本を読んだ。食事代も怪しいような学生が、哲学者の全集が出るというと、早朝から出版社のまわりに長蛇の列をこしらえたものである。

しかし、本は、読者の求めるものを与えなかった。古くさい知識をわけもなくありがたがって、博学多識を学問と取り違えている本があまりにも多い。若い燃えるような志をもった読者は、やがて、本から距離を置くようになった。書物文化は、それほど大したものではないと感じた読者はただの怠《なま》けものではなかった。

そうして生まれた知的文化の空洞に、講演文化が興《おこ》ったというわけだが、その講演文化も、ためにするところがあって、人の心をとらえることができない。

生涯教育のアイディアは、そういうところでは、ひときわ魅力的であった。すぐ飛びついてはみたものの、しかとした覚悟のないことが、うまく行くわけがない。思い出すのも恥ずかしいようになってしまった。

その後、文化活動、知的開発にはほとんど見るべきものがない。

シビレを切らしたわけでもあるまいが、いま文部科学省は、大学の文系学部、学科の改変、もしくは廃止しようと、明治以来、最大の教育改革に着手したようである。

国民として、ただ、反対、などという恥ずかしいことを慎《つつ》しむべきはもちろんである。内外に誇ることのできる学問の再編を期待したいものである。

ひとりひとりとしては、高齢化にともなう知能の劣化をどう防ぐか。さらに、頭をよくするには、どうしたらよいかを、真剣に考えなくてはならない。そういうことに気づく知性が、いま、もっとも、求められているように思われる。

24

生活習慣

新聞大学のための「時間割」

新聞大学はたいへんすぐれた自己学習であるが、効果をあげるのは容易ではない。いい加減な気持ちでのぞめば、三日坊主に終わるだろう。しっかりした習慣の中で続けて行かなくてはうまくいかない。

小中高の教育がまがりなりにもうまく行っているのは、しっかりした、時間割に基づいて行われているからである。ほかのことはさしおいて、まず、勉強をさせる。ちゃんとした時間割がある。週末は休みになるが、その過ごし方で、学力に大きな差を生ずる。心なき役人などが、週末二日、学校を休む制度を始めて、子どもたちはたいへん迷惑した。学習のリズムが崩れる。それを補うものがないから、学力低下は必然である。学習にはしっかりした時間割が必要である。規則的でなくてはいけない。

成人は学校へ通う子どもより、生活習慣がルーズになりやすい。生活習慣を考える人は少ないのである。

新聞大学は、そういうのんびりした生活の中では、そもそも、成立しない。しっかりした生活習慣をこしらえ、その中で、持続的に努力する必要がある。

いつ読むか？

どういうわけか、大人は、宵《よい》っぱりの朝寝坊が好きである。ことに、早起きが苦手、朝食をそこそこにして出勤する。

学生にもしっかりした生活の観念がなく、ダラダラ夜更《ふ》かしし、朝は、早く起きにくいというパターンが常識的になったのは近代の泣きどころである。

昔は、朝の時間を大切にした。朝起きは三文の徳と言い、朝飯前の仕事を大事にしたものである。

新聞大学は、そういう朝型の生活習慣でないと、そもそも、始めることもできない。

せっかく、最新のテキストが届けられているのに、見ているひまもなく、飛び出していく。新聞は夕方まで放っておかれる。夕方には夕刊というテキストが届く。読んでいない朝刊の上に、夕刊が来ても、どうしようもない。ひょっとすると、新聞が邪魔のように思われるかもしれない。

新聞離れということが問題になっているが、読者の生活が、夜型になっていることと無関係ではないであろう。

新聞大学はまず、新聞を読むことで存在するから、そこで学びたかったら、新聞を読む生活習慣をつくる必要がある。

日課をつくるのである。

起床、顔を洗ったら、新聞を読む。人によって、さまざまになるが、少なくても三十分はかける。

朝食のあと、時間があれば、また、十分でも、十五分でも、新聞を読む。

このごろはほとんどなくなったが、通勤電車の中でも新聞は読める。ただ、新聞大学を予想していない新聞は、大きすぎて開いて読むことがしにくい。それで車中の新聞読みがなくなったのであろう。

新聞をうまく折れば、大型の本くらいの大きさにすることもできる。それなら隣りの乗客を気にしなくても読めるだろう。新聞大学に入ったらそれくらいの工夫はしてもよい。

しかし、普通の人は、うちで、一時間も朝の新聞勉強ができれば充分だという日課にするのが現実的であろう。

夕方から夜にかけてまた新聞学習の時間をつくりたいが、仕事のあと、まっすぐ帰るようでは、ウダツが上がらないと考える人が増えている。夜遅く帰ってから、新聞を開くというのは殊勝な人である。

成績向上の秘訣

新聞大学でよい成績をあげたいと思ったら、この夜間部の勉強をおろそかにできないはずである。毎日、寝る前のひととき、ふたとき、新聞を読む、という生活習慣ができれば、中高年以後の人間的成長が期待できるであろう。

朝と夜を合わせて、短くても、二時間くらいは新聞に親しむ。それによって、知的成長をはかるのが、新聞大学である。

日課を立てたら、紙切れでもいい。予定表を書き出す。時間ごとにすること、しなくてはいけないことを書き出す。やりとげたことは、○印、できなかったことは×をつけると、なるべくなら○にしたいのが人情である。努力してもやりとげることになる。

25

〝社会の木鐸〟

新聞はエリート？

新聞はもともと日本で生まれたものではない。外国で発達した文化である。それを模した日本の新聞にははじめからはっきりした個性があったわけではない。読者も、新聞をどう考えてよいかわかっている人は少なかったに違いない。

新聞は、やがて、〝社会の木鐸《ぼくたく》〟ということばで自己規定をするようになる。一般にはピンとこなかったに違いないが、そこがよい。なにやらありがたい味を覚える人が増えたのである。

木鐸とは、

［昔、中国で、法令などを人民に触れて歩く時に鳴らした、舌が木製の大きな鈴］「社会の指導者」の古語的表現。新聞は社会の、（世論を導くもの）〈『明解国語辞典』〉

である。

つまり、新聞は自ら社会をリードしていくエリートであると言っているようなもので、指導性、教育性を巧みに表明したのである。遅れた社会において、木鐸の役割は小さくない。しかし、一般の人は、文化というものをよく解しない、社会の概念もあいまいである。木鐸が歓迎されるのは容易ではない。人々は木鐸に耳を傾けるにはあまりに貧しい生活をしていたのである。

新聞小説の人気

木鐸も、読者を増やさないといけないということに気づく。いろいろ工夫がなされたようであるが、もっとも成功したのが、連載小説であった。読み出したら終わりまで、毎日、読む。そういう読者ほどありがたいものはない。新聞社は、小説家をさがして、評判の連載小説を書かせるのを大きな仕事だと考えるようになる。

連載小説の人気が出ると、発行部数が伸びたらしい。それでは、放っておくわけにはいかないから、新聞小説の名手を育てあげた。

毎日の新聞に、二本も三本も新聞小説が載っているということも珍しくない。社会面をおもしろがる読者もいないわけではないが、連載小説のおもしろさには及ばない。

むずかしい記事は、よくわからないが、小説なら、だれにもわかる。

昔、お手伝いさんがいたころ、門のところにある郵便受けに配達される新聞を取りに行くのは、お手伝いさんのつとめだった。

お手伝いさんは、母家へ新聞をもってくる短い時間に、お目当ての新聞小説をざっと読んでしまう。そして、一喜一憂する。（漢字にはルビが振ってあるから、読めない字はない）

ヒロインが死にそうになっていると、いても立ってもいられなくなり、作者にはがきを書く。○○さんを殺さないで……。

こういう読者が増えれば新聞社は大きくなっていく。小説は事実よりも奇なりである。

中学生でも、学校へ行くと、まず、その日の評判の新聞小説が話題になる。新聞を取っていないと話に加わることもできない。それで新聞を取り出した家庭もあったはずである。

新聞は小説読者、文学青年を増やすのに、学校など足もとへも及ばないほどの影響力をもったように思われる。

教育としても新聞は大きな働きをしたのである。

吉川英治《よしかわえいじ》は、新聞小説で天下の読者をうならせ、新聞社からは神様のように見られた大家であったが、しっかりした教育を受けていなかったと言われる。吉川少年は、新聞によって文字を覚えたという。さきにも述べたように、かつての新聞は総ルビ、すべての漢字に仮名が振ってあった。読めない漢字も、読めるようになるというわけだ。教材としての新聞は、こと新しいものではないのである。

知的自己開発

戦争が終わって、世の中が大きく変わった。あれほど読者に喜ばれていた連載小説に影が差し始めたのである。事実は小説より奇なり。実話はいい加減な作り話より、迫力がある、と感じる読者があらわれ、しだいに多くなる。

まず、月刊雑誌で小説の退潮が始まる。総合誌には巻末に創作三本という常識が音もなく崩れた。

新聞も、小説に頼り切ることはできなくなった。取っている新聞の連載小説の題名も作者も知らない読者が増えたのである。

連載小説もおもしろくないことはないが、新聞はやはりニュースである。ニュース・ヴァリューに敏感になった読者が増えるにつれて、記事を吟味する読者が力をもつようになる。ジャーナリズムの本道に立ち帰るというわけではないが、知的読者が目覚めたことは大きな意味をもっている。

三面記事が、かつてほど、喜ばれていないのは、ニュース・ヴァリューこそあるものの知的興味に訴える記事が少ないのが読者の不満である。

知的興味は乏しいが、日々、勝ったり負けたりするスポーツがニュース・ヴァリューがあっておもしろいことが発見される。スポーツ新聞顔負けのスポーツページを作る新聞が増えた。

そういう変化はあるものの、読者の再教育に役立つ新聞、という視点が欠けていると言わなくてはならない。

新聞大学の構想は新聞をテキストにして、知的自己開発を試みるものである。まだ、どこにも存在しないように思われたが、遠慮することはない。高齢化社会において、もっとも有効な教育の、少なくとも、ひとつであるように考えるのが、この本である。

〝社会の木鐸〟と胸を張った新聞は、新聞大学によって、新しい文化的意義を担うことになる。

これが、ほかの国では、おいそれと始められないところが、また、おもしろい。戸別配達のない新聞では日替わりテキストで自学自習するということは、考えることもできない。

7

26

知能を磨く

2

日本の高学歴化

戦後、世の中はいろいろ、大変な変わり方をした。昔の人の考えなかったことが、起こった。

そのひとつが寿命である。

戦前の日本は早死が当たり前であった。人生五十年などと言って、還暦になれば、大喜びし、みんなで祝った。七十歳は、まさに、人生七十、古来稀なり、であった。年を取ること自体がめでたいことだから、老化を怖れるということを知らなかった。頭が不活発になることがあっても、とくに問題視することはなかった。時代遅れになって当たり前だと思われていたので、いわば、老人天国であった。まわりは、年寄りにやさしく、敬老の心で、老人を大切にした。

戦後になって、高学歴化がはじまった。戦前は小学校六年が義務教育であった。大部分の子どもがそこで社会へ出て生きた。戦争に負けて、新しい中学三年間が義務教育になったが、不平を言うものはなかった。

新制の高校ができて、多くの生徒が学んだ。高校進学率が五割を超えるのに大した歳月を要しなかった。その勢いが、大学進学につながり、同世代人口の九十パーセント超が大学生になった。一般はそれを社会の進歩として歓迎した。学校教育は過ぎると人間を劣化させることがある、ということに気づく人はほとんどなくて、高学歴化を喜んだ。

知識は「更新」するべし

学校教育は知識中心である。その間、生活が停止されているから、長く学校にいると、知識バカ、生活バカが多くなることに気づかないのが普通になってしまう。

学校で教える知識には賞味期限がある。生活停止の状態で詰め込まれた知識は、人の命より短命で、三十年もすると、老化が始まる。なんとなく活力に欠ける若年寄があらわれ、やがて老化現象を呈するようになる。気の早い人は七十くらいから、ボケ始める。頭脳が働かなくなると、体もおかしくなり、寝たきりになって、まわりに迷惑をかける。

ボケたり、寝たきりになるというのは、昔もあったが、寿命が短いから、その分、大きな問題にならなかった。

介護がないと生きていけないのは、本人にとってたいへん辛いことであるが、まわりの苦労も小さくない。

なんとしても要介護にならないようにしたいと願う人が多くなり、ピンピンコロリをモットウにする人たちがあらわれたりするようになった。しかし、お寺まわりをしているくらいではピンピンコロリとならないらしいことがわかってきた。

人間の頭は金属のようなもの。放っておくとサビつく。さらに放っておくと、ボロボロになる。それを避けたかったら、こまめに磨いてやることである。頭の研磨はできる人が少ないから、どうしても、放ったらかしになりがちになる。磨き方を教えてくれる人もないが、放っておくと頭がサビついて働かなくなるという大事におちいる。

頭を磨いてピカピカにすることだって、できないはずはない。若いときに身につけた知識が役に立つのは、せいぜい三十年。そこで腐蝕《ふしょく》が起こり、役に立たなくなる。

そういう知識は削り落としたい。新しい知識を身につけることで、その更新ができる。

それをしてくれるのが、社会教育であり、成人教育である。それをするには、人とカネが必要だが、それを負担するものが存在しない。

わが家が教室

生涯教育、生涯学習はこの再教育でなるわけだが、うまく行かないでいるのは、カネと人が得られないためである。

公的教育はもう少し、知能の再生を切実に求める人が多くならないと、そもそも、話にもならない。人に頼っていては、自分の教育に間に合わない。

社会が後れていて、子どもの教育しかできないのなら、自分で、自分ひとりの学校をつくることを考える。それも、そのうちなどとは言っていられない。すぐにでも始められる再教育を考える。

個人の力で、教室をこしらえたり、教師を招いたりするのは難しいことはわかり切っている。

自学自習なら、別に教室をこしらえる必要はない。わが家が教室になる。教師をさがすのも面倒だし、いい教師がブラブラしているわけがない。子どもの家庭教師だって、満足なのは少ない。まして中高年のシルバー教育のできる人は、どこにもいないが、そんなこと心配しなくてもいいのである。子どもではないのだから、人の手を借りるまでもない。自分のことだから、自分でする。教師など不要であるところが、独学の強味である。だれだって、中年になれば、自分の勉強は自分でするのが当然。人に頼るのは意気地なしである。

こうなると、教師も教室も不要ということになる。カネのかかることはなくてすむ。

教科書がなくては始まらない

ただ、勉強には教科書、テキストが必要である。本がなくても、勉強ができないわけではないが、独学でテキストがなしでは、中古車は走り出すことができない。

テキストを自前でつくる、というのは現実的でない。やはり、然るべき人のこしらえたテキストによるのが実際的である。

昔の寺小屋教育は、教室もあり、先生もあり、お手本もあったから、りっぱな教育ができていたのである。

明治になって、外国の真似をした。学校をこしらえ、教師を養成、国定の教科書をこしらえて小学生を教えた。

いま、サビつきそうな頭を磨くにも、それなりの用意が必要で、独学、自学自習といっても、教科書がなくてははことは始まらない。ひと口に教科書と言うが、いい教科書をつくるのも、よい教師を育てるのに劣らず難しい。カネ儲け目当てなどで、いいテキストのできるわけがない。

自己再教育に当たって、最大の課題はテキスト、ということになる。まっとうな教科書をつくるのは、校舎、教室をこしらえ、すぐれた教師を養成するのとは違った、難業であることを考えることも少ないのが、後れた文化社会である。

知能を磨く自主教育にとって、もっとも大切なのは、テキスト、教材の作成であるということになる。

そういうことを考えずに、自己再教育を口にするのは軽薄である。いくら掛け声を張り上げても、ことは始まらない。しかし、われわれは、刻々、老化の無為に追いやられようとしている。

3

27

朝学

2

朝型人間

かつては、夜学というのがあった。夕方から始まる学校で、大学が多かった。昼の間、働いてからの勉強で、きびしい。家庭の都合で、普通の学業を受けられないものが学生、生徒であった。

戦後、高度成長を遂げた社会でだんだん、夜学生が減って、いつとはなしに、ほとんどなくなってしまった。

少なく生んで大事に育てる、をモットーにする家庭は、子どもを夜間に通わせる、ということを考えることもしない。

普通の学校は、朝、登校、昼食をはさんで午後まで勉強という日課であるが、夜学に対して朝学ということばはなかった。

それとは別に、夜は強いが、朝早く起きるのが苦手だという夜型と、朝から活動的な朝型とがあることを、めいめいぼんやりながら気がつくが、はっきり自覚することは少ない。

学校は朝型に向いているので、学生、生徒の自習の勉強は、夜、食後が中心ということになった。勉強で夜更かしするのはむしろ誇らしいことで、試験の前などで徹夜するのも英雄的だと見る傾向もあった。そのために夜型になったものも少なくなかったかもしれない。大勢は夜型であった。

古くから本を読むのは夜と決まっていたようである。〝螢の光、窓の雪〟などというのは、その光りで本を読むことを言ったもので、夜型である。朝は本など読んでいられないくらい忙しいのである。

そういう世の中でも、朝型の考え方があったらしい。〝朝飯前〟〝朝飯前の仕事〟ということばをこしらえて、朝の時間のよさを認めた。しかし、夜型優勢の世の中では、あまり重視されない。〝朝飯前〟ということばの意味もぼやけてしまった。いまの辞書を見ると、〝朝飯前〟に、簡単にできるという意味を与えている。どうして、朝飯前の仕事が簡単にできるのかは忘れられたかのようである。もともとは、朝飯前は、能率がよく、面倒なことでも簡単にできる、という含みであった。朝型人間のことわざである。

夜遅くまで起きていれば朝、起きるのが辛くなるのは当たり前である。どんどん、夜型の生活が増えて、二十四時間営業の店ができ、便利だというのでコンビニ（エンス・ストア）と呼ばれるまでになった。

夜型人間は月光族だと言ってもよい。夜を中心に生きる。太陰暦である。それに対して、朝型は、朝中心に生きる。太陽暦的である。暦法では、太陰暦が太陽暦に切り換わって久しいが、人間生活では、まだ、切り換えが終了していないで、両システムが並立している。いまのところ、朝型人間は、夜型人間に及ばないかもしれないが、自然の趨勢《すうせい》として朝型が増えていくと考えられる。

新聞は夜つくられる。そして朝、配達される。夜型であり朝型でもある。ほかにこういう文化は考えられない。

朝は頭がいい

新聞大学の読者は朝型がのぞましい。遅くまで寝ていて、朝食をとる時間もなくて飛び出すという人は、昼休みに勉強することになるが、食事のあとの頭はあまり知的に活発でない。新聞を読むより、短い時間でも昼寝をしたほうがよいかもしれない。

昼も読めないとすると、夕方、帰宅してからということになるが、まっすぐ帰宅できないこともあるし、帰っても疲れていて、勉強には不向きである。夕刊が来て、そちらへ先に手が出ることもある。

新聞大学に学ぶものは、まず、朝型人間になることである。新聞は早いところでは五時過ぎに配達される。それで起き上がるのではなく、顔を洗って、新聞の届くのを待つくらいにしたい。習慣になれば五時起きなどなんでもない。

だいたい、朝は頭がいい。

ひと晩寝て、頭の中のゴミは消えている。清々しい頭になっているだろう。つまらぬことに使いたくない。

新聞でも、社会面の愚にもつかない犯罪につき合っていては、もったいない。

夜なら見る気にもならないかもしれない、社説、論説に挑戦する。よくわからなくても、ときに、おもしろい、おもしろそうだと思うことができる。夜ではじめから歯が立たない文章に触れて、頭で眠っているところが動き出すということもありうる。

わかりにくい記事ほどいい

日本だけのことではないが、近代文化の泣きどころは、知るを知って、考えることを知らないことである。

いくらたくさん本を読んでも、博学多識にはなっても、みずから考える力はまるでない、ということが主知主義の泣きどころである。

わかりにくい文章を読もうとすると、頭がアクティヴに働くようになる。疑問をもつことが出る。

学校教育が努力の割りに成果が乏しいのは疑問を起こさせないからである。ことに日本の教育は丸呑み、丸暗記で、問題に答えることしか考えない。

日本へ来て教える外国人が、学生がどうして、質問しないのか。わかっているのかと思って聞いてみると、まるでわかっていない……などとこぼす。

日本人は質問するのを恥ずかしいと感じるのかもしれない。自分の力が足りないから、わからないのである。質問は自分の非力を告白するようなものだ。そう思うのが常識になっている。

新聞大学は目の前に、教師がいるわけではない。質問したくてもすることができない。だからといって、疑問が生じないわけではない。なまじ答える人がいるからいけないので、いなければ、存分に、疑問をぶつけることができる。

その点で、わかりにくい記事はもっともいいテキスト、ということになる。みずから疑問をもち、みずから答を出す訓練を繰り返していれば、おのずから、ものを考える力もつくようになる。

新聞大学は、ものごとを考える習慣をつくってくれる、貴重な存在である。

朝型思考を育んでくれるものとしては唯一である、と言ってもよいだろう。

28

読み方

2

リテラシイ教育

新聞大学は〝読む〟ことで成立する。

とりたてて先生は不在。

教室などもいらない。

とにかく新聞を読むのである。

いまの人は、昔もそうだったが、読むということを誤解している。つまらぬことは読める。よく知っていることを書いた文章ならわかる。しかし、少し難しい内容の文章はわからない。おもしろくない、と言って放り出す。本当に、ものが読めていないのである。

学校教育のせいである。しっかりモノゴトを理解することを学校は教えてこなかった。

近代教育は二百年あまり前、ヨーロッパで興った。その教科は〝読み〟(Reading)、〝書き〟(Writing)、〝算術〟(Arithmatic)の三つ(日本は算術に代わって〝そろばん〟と言ったこともある)。

この三つが3Rsと呼ばれ、それができるのをリテラシイ（識字）と言い、それが高いほど教育が普及した社会であるとした。

どこの国も、リテラシイを上げることを目指して努力した。リテラシイが低くては、先進国ではない。

日本は少し遅れて、リテラシイ教育をはじめたが、たいへん熱心な教育のおかげでまたたくまにリテラシイ百パーセントに近くなり、世界的に注目されるようになった。

とは言っても、小学校の国語教育がとくにすぐれていたわけではない。力は入れた、読む力をつけるのを中心にした。国語科と言うべきところを〝読み方〟と言った。教科書も、〝読本〟である。

〝サイタ、サイタ、サクラガサイタ〟などといった文章を教える。内容は教えられなくてもわかっているから、ただ声に出して言えれば、読めたことになる。読み方は、文字の読み方である。内容や意味は問題にしない、どんな子どもも、サクラを知らないことはない。サイタということばの意味を知らない子もいない。ただ、文字を声に出して読めればいい。読み方と言ったのは正直である。

乱暴な読み方の効用

こういうわかり切った文章を読むのを仮りにアルファー読みとするならば、学校、少なくとも小学校の〝読み方〟はアルファー読みであったとしてよい。

ことば、文章を読むのはアルファー読みだけではない。意味や内容がわからない文章を読めなくては、本当に読んだことにはならない。この不知、理解困難な内容の文章が読めるようになるのを、ベーター読みとする。アルファー読みと違って、簡単には、ベーター読みができるようにならない。

近代教育の悩みは、ベーター読みのできない人間を、読めるとして社会に送り出していることである。アルファー読みから、ベーター読みへ昇華するのはたいへん難しい。たいていの学校教育で、この切り換えに成功しているのは、甘く見ても二十～三十パーセント。大部分の人が、アルファー読みだけで一生を送ることになる。

これは、わが国だけのことではない。欧米先進国においても似たりよったりである。というより、日本のほうがよいかもしれない。

というのは、わが国には漢文を読む伝統があったからである。まるで文字など知らない子どもに論語などの中国の古典を読ませた。もちろん、読めるわけがない。先生が、トモアリ、エンポウヨリキタル、マタタノシカラズヤ
と読んで聞かせる。子どもはワケもわからずそれを口誦《こうしょう》する。チンプンカンプンであるが、わからないからわかろうとする。それで、ベーター読みが始まるのである。アルファー読みを飛ばして、一挙に、ベーター読みから始めるのはいかにも乱暴である。合理的な近代教育では問題にもならない。

新聞大学は新聞を読むことに終始する。しっかりした読みの力がなくては、話にならないが、学校教育で、ベーター読みの力をつけられない現在、学力不足は深刻な問題になる。

大学出の人が、人をバカにするな、われわれは、読む力は充分にもっている、と言うかもしれない。

えらそうなことを言っている知識人が新しい電子機器に付いている解説書を読んでもわからない。キカイに強い子どもに教わったりして、マニュアルの書き方が悪いなどと文句

を言う。読めないのである。少なくとも、ベーター読みができないのだ。

専門主義ではなく百科的

新聞大学の学生になろうとするものは、もちろん、文章を読むことができる。しかし、ベーター読みのできない人が少なくない。仕事に関係のあることならどんなことでも読めるが、専門の違うことだと、簡単なこともわからないケースが出てくると予想される。

新聞でも、いつも見ているページはよくわかる。わからないことはないくらいわかる。ゴシップや犯罪記事などは、なれているから、難なく読むことができる。内容が未知のことでも、読みなれているから、ベーター読みができる。

新聞くらい読めなくてどうする、などと言っている人でも、社説を愛読するというのは少ない。アルファー読みでは、社説は歯が立たない。わからないものは、おもしろくないと言って片付けるのが現実的。社説をおもしろがるのは、その対象となっている人たちと一部のベーター読者に限られる。

新聞大学に入ったら、そんなことを言ってはいられない。わかりにくくても読む。わからなくても読む。チンプンカンプン。昔の漢文読みを考えれば、社説は、やさしく、ときにおもしろく感じられる。

社説をおもしろいと思うことができるようになるには、読みの教養が必要であるが、現在の教育はそういう学力、知力を育むことを考えないで、狭い専門の中で、半分アルファー、半分ベーターの読み方によって、専門知識を得ることを目的にしている。専門が違うとまるで無知になる。口の悪い世間は、それを専門バカと言う。

新聞大学は専門主義をとらない。

広く、知の世界に触れて、古くなった知識を新しい知識に入れ換え、新しい知識にすることを目指している。百科的である。

そういうことのできる学校は、これまでなかった、と言ってよい。新聞大学はそれができるほとんど唯一の道である。

ブックデザイン　ヤマシタツトム
イラスト　祖父江ヒロコ

外山滋比古（とやま・しげひこ）

1923年、愛知県生まれ。お茶の水女子大学名誉教授。

東京文理科大学英文科卒業。雑誌『英語青年』編集、東京教育大学助教授、お茶の水女子大学教授、昭和女子大学教授を経て、現在に至る。文学博士。

英文学のみならず、思考、日本語論などさまざまな分野で創造的な仕事を続け、その存在は、「知の巨人」と称される。

著書には、およそ30年にわたりベストセラーとして読み継がれている『思考の整理学』（筑摩書房）をはじめ、『知的創造のヒント』（同社）、『日本語の論理』（中央公論新社）など多数ある。

『乱読のセレンディピティ』『乱談のセレンディピティ』『老いの整理学』（いずれも小社刊）は、多くの知の探究者に支持されている。

新聞大学

発行日　　2016年11月1日　初版第1刷発行

著　者　　外山《とやま》 滋比古《しげひこ》
発行者　　久保田 榮一
発行所　　株式会社　扶桑社
〒105-8070　東京都港区芝浦1－1－1 浜松町ビルディング
電話 03－6368－8870（編集）
03－6368－8891（郵便室）
www.fusosha.co.jp

印刷・製本 中央精版印刷株式会社

 ISBN 978-4-594-07577-4